Karl Spracklen

[英]卡尔·斯普拉克伦——著

陈 献——译 李哲罕——校

哈贝马斯
与现代性终末处的休闲

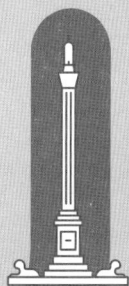

The Meaning
and Purpose of Leisure:

Habermas and Leisure at the End of Modernity

ZHEJIANG UNIVERSITY PRESS
浙江大学出版社
·杭州·

图书在版编目（CIP）数据

哈贝马斯与现代性终末处的休闲 / （英）卡尔·斯普
拉克伦(Karl Spracklen)著;陈献译;李哲罕校 . — 杭州：浙江
大学出版社，2022.11
　　ISBN 978-7-308-23177-0

Ⅰ.①哈…　Ⅱ.①卡…　②陈…　③李…　Ⅲ.①哈贝马斯
(Habermas, Jurgen 1929–)－哲学思想－研究　Ⅳ.①B516.59

中国版本图书馆CIP数据核字（2022）第194053号
浙江省版权局著作权合同登记图字：11-2022-428号

哈贝马斯与现代性终末处的休闲

[英]卡尔·斯普拉克伦 著　陈献 译　李哲罕 校

责任编辑	钱济平　谢　焕
责任校对	陈　欣
封面设计	项梦怡
出版发行	浙江大学出版社
	（杭州市天目山路148号　邮政编码310007）
	（网址：http://www.zjupress.com）
排　　版	杭州兴邦电子印务有限公司
印　　刷	杭州高腾印务有限公司
开　　本	880mm×1230mm　1/32
印　　张	9.375
字　　数	176千
版 印 次	2022年11月第1版　2022年11月第1次印刷
书　　号	ISBN 978-7-308-23177-0
定　　价	68.00元

献给贝弗利

致 谢

感谢图像音乐公司（Imagem Music）授权在第六章复制"黑暗王座"乐队（Darkthrone）《北方天空的一道火光》（*A Blaze in the Northern Sky*）的歌词，并感谢肯·罗伯茨（Ken Roberts）和《世界休闲杂志》（*World Leisure Journal*），感谢他们发表了支撑本书第五章与第六章的研究与分析的部分内容。

导　论

将休闲的批判研究作为富有意义的、智识的和专业的事业追求，如今已是前途未卜。后现代和后现代主义已对诸多葛兰西式霸权中理所当然的假设吹起号角，而这些假设支持了20年前主导休闲学科的大部分理论（Rojek, 1995, 2002）。休闲领域诸多理论家和研究者已不再尝试发展一种关于休闲的融贯性理论，开始退回到体育、旅游或文化研究等专门化领域中（Bramham, 2006）。

本书中，我将休闲视为富有意义的、理论的、框架性的一个概念，并将对休闲的批判研究定义为一种有价值的、智识的和教学的活动。超越对休闲的宏大项目的关注，我认为休闲理论是理解关于身份认同、后现代与全球化这些更为广泛的讨论的核心。本书的核心是尤尔根·哈贝马斯的著述，以及他同时对批判理论家如阿多诺和葛兰西，乃至后现代主义者如德里达和利奥塔的回应。运用哈贝马斯的两种竞争性的智识框架或理性的看法（Habermas, 1981: 1984; 1981: 1987），并总结了审视休闲行动有助于我们理解工具性控制与个人意志之间的冲突与张力，那么休闲的批判研究就可以且应该继续对理解社会起到关键作用。我对英式橄榄球联盟与黑色金属音乐的研究，以及对围绕本真性与旅游未来的相关争论的观察与回顾，都揭示了哈贝马斯如何使我们理解休闲的意义与目的。我认为，尽管休闲正在全球化，但是后现代转向的程度被过分夸大了。对个人而言，即使在商品化的西方世界，休闲仍然是晚期现代身份认同得到界定与辩护的所在。

2　　　本书的独特与新颖之处在于，哈贝马斯的著述仍有待于以一种尽可能一致的方式应用于理解休闲学科与休闲研究。若将其著述应用于休闲，休闲与现代性目的之间的悖论危机将得到解决。本书的重要之处在于它满足了在休闲研究和休闲社会学中发展成熟理论的需要。因而，我希望理论研究者会对本书感兴趣。不过，我也借鉴了一系列经验研究，而经哈贝马斯的框架分析的这些研究将会对体育社会学、大众文化和旅游等领域的其他研究者具有宝贵价值。为适应一个快速满足和碎片化的年代，本书由两个内容迥异的部分组成，第一部分是理论，第二部分是研究，最后由一个总结章将两者结合在一起。这两部分各自分为多章。以这种方式，我希望本书能让那些对旅游感兴趣但对体育、大众文化或休闲理论不感兴趣的人也容易接受。当然，本书还旨在形成一种思想共识，并将其应用到关于休闲的意义和目的的争论之中。

休闲悖论

本书第一章陈述休闲学科的历史发展以及休闲理论在21世纪初期的成长和危机。休闲研究作为一个具有辨识性的学术部门或领域，具有共同的理论框架和（可能的）研究范式，这种框架和范式是由一些先驱者建立的，对休闲的兴趣使得休闲成为与工作对立之物（Parker, 1971; Roberts, 1978）。为对这个最初成问题的休闲定义进行拓展，罗伯茨（Roberts）和帕克（Parker）发展出了有关休闲的认识论的和本体论的立场，这使得休闲在本质上成为与自由行动、自由意志或自由选择相关的事物。休闲如同自由这种观念是诸多研究者，尤其是罗伯茨本人（Roberts, 2004）所一直维护的。基于这个理解，休闲提供了消费者所需要的自由资本主义产业的一部分，而作为良好的经验主义者，研究者的任务就是简单地跟随趋势以及解释趋势。选择受到环境和历史的限制，但是在休闲中还是有更多自由的趋势。

这种休闲和休闲研究的自由主义观点及其自由概念，自然受到主流社会学批判源泉中大量理论家的持久讨伐。这种对休闲的结构性批判建立在社会学的批判研究，对大众文化的空虚和对霸权的无形束缚的悲观主义想法之上，但归根到底，将休闲视为制约，视为通过日常生活和社会流传下来的限制我们的

3

环境，其源头和智识上的残余都要归诸马克思。20世纪80年代，休闲批判研究共识的出现及其持续存在，都证明了它的解释力。在被动的消费商品化休闲中，个人助长了自身权利被剥夺。批判理论家们并不否认可以自由选择休闲的可能性，但是他们认为塑造世界的意识形态结构使得这样一个选择（几乎？）不可能（Coalter, 2000），或者至少在被视为有意义的方式上是不可能的。

　　休闲悖论——作为自由、作为制约——是休闲理论的两条进路都承认的。但是，以往所有试图逃脱这一悖论的尝试都会坍塌成一种或另一种话语。不同的休闲研究似乎都已经发现自身陷入了一场认识论危机。向后福特主义、后工业、后现代的转变加强了社会和文化两者的结构变化，在对这种变化姗姗来迟的承认中浮现出上述危机（Lyotard, 1975: 1984）。为回应此说法，许多休闲研究者已经拒绝了经验主义与专门主义。其他人，如罗杰克（Rojek, 1995, 2005a, 2005b），则试图重新结合批判社会学，并塑造认识论怀疑、真理多重性和社会结构断裂等诸多理念，以此来建立一种或多种后现代休闲理论。虽然后现代转向在理解意义的复杂性和脆弱性上有所裨益，并给休闲学科带来了更多有关消费的认识，但后现代主义本身应成为休闲研究内部持久的、理论的批判对象（Bramham, 2006）。就总结关于休闲悖论的讨论而言，我要回到关于批判理论核心转变的规范性问题：如果要继续致力于消除不平等，我们就必须致力于某种真理和正义的概念。

尤尔根·哈贝马斯

本书第二、三和四章介绍哈贝马斯的著作，并将他的重要观念和休闲学科联系起来。尽管尤尔根·哈贝马斯对后现代主义的论战性攻击使他在英美的批判和文化研究流派中不太被接受，但是他的作品在欧洲的批判社会学中还是非常有影响力的。哈贝马斯的著述涵盖了政治科学及认识论和伦理学，但根本而言他所关切的是保护现代性的方案以及对理解社会提供一种新的批判的取向。对哈贝马斯而言，阿多诺和葛兰西的批判性著述可以通过承认两种不可调和的理性之间的张力而与自由主义的自由观念相调和：交往理性，源于人类的互动以及观念的自由交流（诸如启蒙运动的目的和模式）；工具理性，是资本主义与现代民族国家兴起的产物。哈贝马斯采取了撰写元叙事时历史编纂学般的谨慎态度，通过非交往理性和工具理性，来引入和解释市民社会生活世界和启蒙运动的缓慢沉没。对哈贝马斯而言，市场资本主义和官僚制国家是同一工具理性的两种产物。如同交往理性产生自由的、交往的行动（Habermas, 1981: 1984），工具理性限制了个体理性化和施为于任何非商品化事物的能力：所以工具理性导致工具性行动，而工具性行动导致商品化休闲和被动消费。本书第二章将解释这些观念，并展示它

4

们是如何被休闲理论家与研究者所使用的。

本书第三章审视哈贝马斯对现代性的主流社会学理论的影响（Habermas, 1985: 1990）。哈贝马斯强烈地认为要将现代性视为一种规范性方案，并表明后现代对真理和结构的攻击是思虑不周的。哈贝马斯未曾怀疑过在这一个世纪里世界发生了剧烈变化。本章中，我参照对休闲的研究以表述社会生活日益增长的商品化、全球化和混杂化（Rojek, 2005b）。然而，我使用哈贝马斯的理论以质疑这场全球化浪潮在何种程度上是一种后现代现象。为总结本书的第一部分，我探索了哈贝马斯诸多著述以分析他关于休闲的意义与目的的思想。在探讨哈贝马斯如何反思休闲以提出他的社会与政治的观点时，我建议休闲学术圈理解哈贝马斯以使他们自身的研究具有意义。这个建议继而在本书第二部分展开，我将哈贝马斯式的滤镜应用于休闲研究中三个兴趣领域：体育、大众文化与旅游。本导论余下部分将简短讨论这些章节的内容，关于这部分的分析结论将在本书末尾一并给出。

5

哈贝马斯的理论应用于体育

凯文·希尔顿（Kevin Hylton, 2005）曾对体育和休闲研究者提出挑战，认为他们对体育和休闲建构种族化的身份认同方式缺乏批判性研究。第五章通过哈贝马斯式的滤镜集中分析英格兰的英式橄榄球联盟如何应对这个挑战。英式橄榄球联盟运动如同所有现代体育项目一样，在过去近50年里，由于商品化、全球化以及向后工业和后现代身份认同形成而过渡的压力（Denham, 2004），已经发生了很大变化。过去关于英式橄榄球联盟的研究曾表明在英格兰的比赛与白人的、北方的、工人阶级男性的想象共同体（Spracklen, 1996, 2001a, 2005）相关联。第五章梳理了之前的研究并与新的主要研究进行了比较，这些研究探讨了球员和球迷在三个地方所面对的归属协商（negotiations of belonging）——英格兰北部、伦敦和英格兰南部（Spracklen, 2007a）、法国西南部（Spracklen and Spracklen, 2008）。我运用哈贝马斯式的框架分析晚期现代性的身份认同形成，该章总结了人们使用英式橄榄球联盟建构阳刚之气的身份认同与之有诸多相近之处，但排外和种族主义的议题在这些球员的经历中仍然很重要。

哈贝马斯的理论应用于大众文化

第六章再次使用了我自己的主要研究，关于黑色金属音乐的亚文化，这是一种全球化的重金属音乐形式（Spracklen, 2006）。黑色金属音乐起源于20世纪90年代早期的挪威音乐圈子，以"骚乱"乐队（Mayhem）及其创始人爱罗尼莫斯（Euronymous）为起点。正是这个圈子，以其对严肃性、风格和精英主义的严格规定，催生了黑色金属音乐在90年代作为地下精英的滋长。尽管黑色金属音乐的"第二波"集中在挪威，但地下极端金属音乐共同体的磁带交易网络和爱好者杂志使得黑色金属音乐的意识形态和风格成为全球化的风潮——虽然只是在一小撮音乐人和爱好者的圈子里（Harris, 2000）。紧随着与挪威黑色金属乐队有关的教堂纵火浪潮，主流金属音乐出版业开始对黑色金属音乐乐队作为一种极端的、精英主义的运动产生兴趣。反基督的陈述被审查，挪威警方开始调查音乐人。随后，"骚乱"乐队的爱罗尼莫斯被杀害，警察因这一犯罪行为而逮捕了瓦格·维克内斯（Varg VIkernes）。这些犯罪成了全球新闻头条。虽然这些罪行最初对黑色金属音乐界的影响是负面的，但长期来看却使得黑色金属音乐对寻找最极端的重金属音乐的年轻人产生了吸引力。

本章认为，黑色金属音乐可以被理解为一种自我指涉的共同体，或者是一种更永久的新部落。在其中，行动是交往的。黑色金属音乐是外在于传统的或现代的社会结构而存在的，而它的意义和目的是言语与论辩的对象。甚至与黑色金属音乐相关的民族主义和极端主义特征也可以被视为在意义设置上言语与行动的自由主义本质的例子：这里没有官僚制度、等级结构以去除或强加这种极端主义，而且反讽的是这里允许这样的极端主义繁荣而不受指责。黑色金属音乐的本质属性是个人主义。所以个人选择消费黑色金属音乐作为一种方式来表达他们的个人性，表达他们克服工具理性并对消费和休闲做出有见识的、文明化的选择的能力。

然而，本章亦认为黑色金属音乐可以被理解为一个重申工具理性、提倡休闲和消费的工具性行动的所在。黑色金属音乐是西方化的、商业流行音乐与摇滚乐产业的一部分，这个产业已经对世界其他地方施加了影响，如此黑色金属音乐再现了支配该产业的工具行动。音乐被录制和售卖。小唱片公司、专业商店和网站迎合并促进了商业产品的需求。人们以黑色金属音乐谋生。最为成功的黑色金属音乐乐队被职业经纪人预订去大型跨国企业集团所有的场馆举行巡演。没那么有名的一些黑色金属音乐乐队则发布新闻稿、建立网站和上传音乐文件。黑色金属音乐远不是真正民主的、公共的和自由主义的，而是由商业化的音乐的工具理性和精英主义意识形态所支配的，而这种意识形态的源头正是在经历晚期资本主义阶段的欧洲民族国家的民族主义辩论之中（Habermas, 1985: 1990）。

哈贝马斯的理论应用于旅游

本书的最后一章使用了哈贝马斯式框架，探讨和分析关于旅游的已有研究。旅游已然是休闲学科中研究兴趣激增、学科边界成形的领域之一。特别的研究兴趣点是旅游的全球化和商品化，以及以寻求本真性为特点的对这些趋势的交往性的反作

7

用。我讨论源自自身反思的以及从文献中得来的案例研究中寻求本真性的一系列例子。我认为关于本真性的辩论可以被理解为交往性辩论，以反对商品化的和企业旅游产业的工具性。

目录

第一部分

理论

第一章　休闲悖论

绪论：理论的本质

我们把理论应用于研究时会出现一些问题。如果将理论通俗定义为试图对一种研究现象进行阐明的想法，那么我们就可以（理想地）将数据（单独地）描述为现象本身（数据＝现实）或者描述为对该现象的解释（Craib, 1992）。一般而言，理论会被看作脑力劳动，而与该理论相关的数据则来自研究。在社会学案例中，此类数据以访谈、观察和统计的形式呈现。然而，理论与数据之间的关系并不像乍看起来那么简单。

有种说法认为理论必须具有解释力（Friedman, 1974; Lipton, 1991）。一个理论必须能够解释而不仅是描述数据。如果只列出数据，那是不够的，还得说出数据是什么。这就必须要有传统的和科学的进路来表明从理论中提取的假设经过实地研究（the field）的检验（Hempel, 1966）。实地研究实质上成为了证明或证伪（Popper, 1968）各种理论的所在。这种进路有诸多缺点，尤其是应用于社会学时（Winch, 1958）。它假定了一种科学方法的实际存在，但是对众多科学哲学家和科学社会学家而言，定义这种方法是什么这点都是难以把握的（Feyerabend, 1975; Latour, 1987; Lipton, 1991）。这种进路忽略了客观性、表征和真理的符合性等问题（Hesse, 1980），例如任何一组数据都可以由许多组对立的假设来解释，如果不诉诸归纳逻辑，根本无法在两者之间做出决定（Chalmers, 1982）。

　　另一种进路建议研究者不带任何先入之见进入实地研究，并且不带偏见地听从实地研究。研究者可以从收集到的数据中看到形成想法的不同图式，再由进一步的实地研究来获得支持（Ely, 1991）。该方法构成了自然主义范式的基础，这种理论生产的立场被称为扎根理论（grounded theory）（Glaser & Strauss, 1967）。然而，那种认为任何人都可以在没有任何先入之见的情况下进入实地研究的假设是站不住脚的。我们都经历过一个体系，这个体系早已用带有浓厚理论色彩的诸如计算、语言和认知等智力工具使我们适应了某种文化（Latour, 1987）。本书甚至在以下的介绍章节中，就已毫无歉意或保留地使用了大量的理论语言，因为它属于我们共享的默会知识（Bloor, 1974; Collins, 1985; Simons, 1989）。此外，可能令人绝望的是，可以说所有的数据都是带有理论色彩的（Kuhn, 1977; Chalmers,

1982)。

沙弗描述了在早期现代自然哲学中牛顿为确保其光学数据被接受为"真"时，他的霸权和私心所起的作用（Schaffer，1989）。牛顿看重的是光学数据符合他的更为宏大的理论框架，而不符合的数据则是对这个框架的挑战。因此，当牛顿成为皇家学会主席时，事情就变成了将好的结果和好的仪器（即真实的东西）定义为那些支持牛顿的结果和仪器。沙弗研究的重要之处在于指出现在仍在使用的数据（即设计我们眼镜镜片的数据）不仅是负载有理论的，而且是由理论塑造的。哈里·柯林斯也指出，理论在塑造和描述数据的过程中起着很大的作用（Harry Collins，1985）。因此，尽管有些人声称要去尝试（Gellner，1985），但那种认为我们可以不带任何理论假设去处理数据的想法是错误的——期望我们能够摆脱我们的先入之见，甚至是我们的文化背景，这是不现实的乃至精英主义的（Thomas，1979; Baudrillard，1988）。

我的解决方案是走务实道路，尝试避免哲学的陷阱。我从实地研究中创造语言，但同时我也在一个特定的"语言游戏"（Wittgenstein，1968）中工作，这个游戏以多种理论的语料库为基础。正如弗莱克在库恩重复以下评论之前所表明过的（Fleck，1935: 1979），学术事业中事实和知识的生产是由"思想集合"所促成的，而个人在其中以特定的常规范式运作（Kuhn，1962）。有些理论是给定的，它们被接受为事实［如逻辑学，尽管不同意见可以参见 Woolgar（1989）］，而另一些理论（结构—能动性、真理符合等）则是有争议的。我以批判社会学、休闲学科的思想集合的语言写作，因而我与共享该游戏的他者交流。

13

介绍

与（大学）一年级的休闲学学生讨论休闲的意义是一项有趣的活动。多数学生当然都会诉诸自己的休闲经验，所以休闲被他们定义为看足球赛或踢足球，或者（如果幸运的话）被定义为玩电脑游戏或听音乐。对初阶班级的大多数学生来说，他们本能地将休闲理解为他们选择做的一项活动、一项运动或一些流行的、文化的东西，"因为我喜欢它"。和休闲这个词在常识上的使用一样，这些学生会把休闲视为在本质上不受强制的东西。不得不来大学学习休闲趋势可能是他们觉得有义务或被迫去做的事情；但是他们会觉得在酒吧的大屏幕上看足球赛是自己的选择。如果一个学生来到大学之前学习过休闲学这门学科，那么他／她在给出休闲的特定意义时就会谨慎一些。他们会认识到休闲有多重含义。那些优秀的学生可能会在备考大学

的学校①读过《理解休闲》（*Understanding Leisure*, Haywood et al.,
1989: 1995）的一些节选，并会试图阐明休闲是一种骗局的论
点：即我们觉得自己正在对休闲生活进行自由选择，但是这些
选择受到更为广泛的社会中各种结构的"核心集"限制。一些学
生可能会质疑这一点，认为他们所看到的这个世界与海伍德
（Haywood）及其合著者们所描绘的那个世界是不同的（毕竟，
对于从学校直接进入大学的普通学生来说，海伍德的文章有些
老古董了），他们可能会说，今天的世界具有更少的阶级界限，
具有更多的全球性，更少歧视女性，而且更自由。

　　（大学）一年级课堂上关于休闲意义的辩论弧度正可以反映
在休闲理论以及休闲学的学科或领域的成长与发展中。学生的
讨论中出现了三种休闲的本体论：休闲作为自由选择，在该世
界中休闲基于选择而被定义，以区别于结构化的生活中的其他
领域（例如工作）；休闲作为结构上受到制约的选择（或别无选
择）；休闲作为完全自由的选择，在该世界中各种结构都正在分
崩离析。这三种本体论直接与休闲批判研究的三种认识论相联
系，关联于休闲学作为一种智识研究的历史：休闲作为关于自
由的自由主义理论；休闲作为社会结构和不平等权力关系的
（再）生产者的结构主义理论；休闲的后现代理论（与后现代休

---

① 译注：原文为 sixth-form studies。在英国教育体系中，学习 A-level 课程的年级
　又被称为 sixth form。一般而言，sixth form college 指开设 A-level 课程的学
　校，通常是专为准备考大学而设立的学校。

14　闲的后结构理论并行）。随着休闲学科的发展，它也跟随着主流社会学中关于结构和（后）现代的流行辩论而在认识论焦点上做出改变。在改变认识论焦点的同时，休闲的本体论状态也发生了变化，以至于"休闲学科"的后马克思主义范式似乎不再是一个融贯性方案。对休闲的批判研究作为富有意义的、智识的及专业的事业追求已是前途未卜。后现代和后现代主义已经向葛兰西式霸权①的诸多理所当然的假设吹起号角，而这些假设支持了20年前主导休闲学科的大部分理论（Rojek, 2002）。休闲领域的许多理论家和研究者不再尝试发展一种关于休闲的融贯性理论，开始退回到体育、旅游或文化研究等专门化领域中（Bramham, 2006）。

　　正如本书导论部分所提及的，休闲研究作为一门具有辨识性的学术学科，有共同的理论框架和（可能的）研究范式，这种框架和范式是由一些先驱者建立的，对休闲的兴趣使得休闲成为与工作对立之物（Parker, 1971; Roberts, 1978）。为对这个最初成问题的有关休闲的定义进行扩展，罗伯茨（Roberts）和帕克（Parker）发展出了一种对休闲的认识论的和本体论的立

---

① 译注：原文为 Gramscian hegemony。葛兰西认为，一个社会制度的真正力量并不是统治阶级的暴力或其国家机器的强制性权力，而是被统治者对统治者世界观的接受。霸权的产生、再生产以及转换是市民社会意识形态作用的结果，这与国家暴力机器的强制性不同。对葛兰西来说，国家实施压制，而市民社会则行使霸权。霸权在文化和意识形态方面运作时必须通过市民社会的各种建制，诸如教育、家庭、教会以及大众文化和大众传媒等来实施。

场，把休闲当作本质上与自由行动、自由意志和自由选择有关的事物。这种将休闲视为自由的观点是诸多休闲研究者，尤其是罗伯茨本人（Roberts, 1999, 2000, 2004）一直维护的。最终，休闲以及对其的研究将以约翰·斯图亚特·密尔所勾画的一种行动自由概念为前提：

> 任何人的行动，只有涉及他人的那部分才须对社会负责。在仅涉及本人的那部分，他的独立性在权利上则是绝对的。对于本人自己，对于他自己的身和心，个人乃是最高主权者。[1]（Mill, 1859: 1998, p. 14）

基于这一理解，休闲是满足消费者所需的自由资本主义产业的一部分（Bacon, 1997）。作为良好的经验主义者，研究者的任务就是简单地跟随以及解释趋势。选择被环境和历史所限，但是在休闲中还是有朝向更多自由选择的趋势（Roberts, 1999）。这些选择在古典经济学和韦伯主义意义上都是理性的。历史意义上，从这一理论视角所看到的休闲话语是过去大多数人理解的话语。对休闲采取自由主义的立场，就有可能理解休闲所包含的意义，例如17世纪新教徒对闲散（idleness）的恐惧（Weber, 1930: 1992）。

这种自由主义的休闲观和休闲研究及其自由的观念，当然

15

---

[1] 译注：此处译文参考约翰·密尔：《论自由》，许宝骙译，商务印书馆，1959年。

受到主流社会学批判源泉中大量理论家的持久讨伐。对诸如克拉克和克瑞彻（Clarke & Critcher, 1985）以及21世纪的萨格登和汤姆林森（Sugden & Tomlinson, 2002）等研究者来说，最好将休闲理解为一种束缚工人阶级和其他社会群体的场所、活动或结构。其他研究者则探讨了休闲如何建构和（重新）创造性别（Watson & Scraton, 2001）、性（Caudwell, 1999）和"种族"与人种（Carrington & McDonal, 2001）的不平等。特别是女权主义为休闲批判研究持续提供了重要资源，激进的女权主义研究者对女性休闲在社会中以及她们自己的休闲研究中的边缘化进行了系统批判（Henderson, Presley & Bialeschki, 2004; Henderson, 2006）。这种对休闲的结构性批判建立在社会学的批判研究以及对大众文化的空虚（Adorno, 1991）和霸权的无形束缚（Gramsci, 1971）的悲观主义想法之上，但归根到底，将休闲视为制约，视为通过日常生活和社会流传下来的限制我们的环境，其思想源头和智识上的残余都要归诸马克思：

> 人们自己创造自己的历史，但是他们并不是随心所欲地创造……而是在直接遇到的、既定的、从过去承继下来的条件下创造。[①]（Marx, 1852: 2004, p. 85）

[①] 译注：此处译文参考马克思：《路易·波拿马的雾月十八日》，《马克思恩格斯文集》第2卷，人民出版社，2009年。

　　休闲批判研究的阐释力量彰显了20世纪80年代休闲批判研究共识的出现及其持续存在。在被动的消费商品化休闲中，个人助长了自身权利被剥夺的现象。批判理论家们并不否认可以自由选择休闲的可能性，但是他们认为塑造世界的意识形态结构使得这样一个选择（几乎？）不可能（Coalter, 2000），或者至少在被视为有意义的方式上是不可能的。

　　休闲悖论——作为自由、作为制约——是两种休闲理论进路都承认的（Coalter, 1989）。但是，以往所有试图逃脱这一悖论的尝试都会坍塌成一种或另一种话语。不同的休闲研究似乎发现自身已经陷入了一场认识论危机。向后福特主义、后工业、后现代的转变加强了社会和文化两者的结构变化，在对这种变化姗姗来迟的承认中浮现出上述危机（Lyotard, 1975: 1984）。这种转变继而与在政治、贸易和文化等领域更为广泛的全球化趋势有关。全球化作为一个过程，受文化的日益商品化和同质化以及日常生活的商业化的直接影响。吉登斯（Giddens, 1991）和鲍曼（Bauman, 2000）称全球化本身是现代性（在当前）晚期或流动状态下向后现代转变的一个症状，与后现代主义的基础关系密切。一些作家在全球化中看到了观念、价值和认同的交换：多重身份认同的混杂世界（Kraidy, 2005）。但是，在政治和文化研究的话语中，全球化被认为是美国价值观的旋风（Appadurai, 1996），导致瑞泽所宣称的麦当劳化空洞和同质的价值观正在成为远离堪萨斯州的工作（和休闲）世界的事实上

16

的规范（Ritzer, 2004）。在全球化的美丽新世界中，国家、阶级和性别的多种结构的现代主义范式被后现代自由放任的（free-for-all）霸权价值观一扫而空（Bauman, 2000）。对于休闲理论家来说，20世纪90年代积累的全球化证据是社会向后现代转变的证据（Rojek, 1995）。但是，如果世界正在变得后现代，社会结构被一扫而空，那休闲的批判研究要何去何从呢？

为应对全球化的挑战和后现代的转向，许多休闲研究者放弃了理论，转而从事体育社会学、文化和媒体研究，以及旅游经济学等经验的或专业的主题。另一些研究者，如罗杰克（Rojek, 1995），则试图重新开启批判社会学，并塑造认识论的怀疑、真理多重性和社会结构断裂等诸多观念（Harvey, 1989; Lash, 1990; Featherstone, 1991），以此来建立一种或多种后现代休闲理论。虽然后现代转向对理解意义的复杂性和脆弱性上有所裨益，并给休闲研究带来了更多有关消费的认识，但后现代主义本身是休闲研究内部持久的理论批判对象（Blackshaw, 2003）。休闲批判理论家如罗恩和希尔顿回到了对转变的规范性问题：如果要继续致力于消除不平等，我们就必须继续致力于某种真理和正义的概念（Long & Hylton, 2002）。不过，一些休闲理论家对休闲学科的一个融贯的、批判性的范式本身的存在提出了质疑：在《休闲研究》（*Leisure Studies*）25周年纪念刊

17　中，彼得·布拉汉姆认为休闲项目"已经因现代性的经济、政治、文化和社会的多种形态的变化而改变路线"，尤其是传统休

闲研究课程的碎片化以及休闲研究（和教学）中越来越多围绕体育、旅游和媒体的专门化（Peter Bramham, 2006, p. 388）。对于布拉汉姆以及在同一期发表文章的亨德逊而言，通过维持一种关于休闲的批判性和规范性的叙事可能已经应对了后现代的挑战，但向后现代的转变只会使休闲悖论行至风口浪尖（Henderson, 2006）。

为试图阐明如何解决休闲悖论，休闲理论家借鉴主流社会理论家的工作提出了四种方式，而本章接下来部分将考察这四种方式。如前所述，葛兰西理论在过去数十年中主导了休闲领域的思考。但其他理论家也或多或少地产生了影响，尤其是经克里斯·罗杰克萃取过的诺伯特·伊利亚斯，以及过去数年中的皮埃尔·布尔迪厄。不过，在我来谈葛兰西、伊利亚斯和布尔迪厄的影响之前，必须先从借鉴了韦伯研究的肯·罗伯茨所做的工作开始。

肯·罗伯茨——休闲是自由

肯·罗伯茨对休闲悖论的回答即是简单重申了他之前的立场：休闲是我们在空闲时间内（用空闲时间）做的事情。在之后他关于全球化更为敏感的作品中，罗伯茨认识到工作和休闲之间的界线已经开始变得模糊（Roberts, 2001, 2004, 2007）。他也接受了世界已经变得越来越全球化和商品化，这改变了休闲的方式，即有的休闲活动（如观看本地的足球队）可能已经变得不那么受现代性结构约束（如像曼联这种品牌的全球影响力及其俱乐部支持者的国际会员）。不过，这些社会转变并没有让罗伯茨放弃休闲是自由的观念；他也没有对资本主义的罪恶陷入葛兰西式的绝望。相反，罗伯茨欣然接受休闲商业化是我们生活中的事实，并欢迎这种商业化带来的休闲机会的增加。例如，罗伯茨（2004, p. 2）在他的教科书《休闲产业》（*Leisure Industries*）中，提供了休闲方面的消费者支出净增长的信息后，对他目前的立场做了如下介绍：

> 休闲在人们生活中的作用不单纯是经济上的。休闲具有重要的社会、心理和文化维度。随着休闲在经济中份额的增加，它在人们日常生活中的作用也在增长，因此，天平从以工作和生产为中心的生活向以休闲或消费为中心的生活倾斜……休闲产业不仅仅提供商品和服务，他们还推销欲望，并使消费者通过穿什么、吃什么、喝什么、听什么、看什么以及在哪里被看到、被看到和谁在一起，来被承认为——并感觉自己是——某种特定类型的人。

所以，对罗伯茨来说，悖论并不存在：尽管处于限制了部分人选择自由的社会环境中，休闲的市场经济还是提供了机会，

18

而休闲仍然是我们不工作时所做的事情。现代性终末处的危机
其实是休闲市场推动经济发展的一个机会：所有的东西都成为
个人选择，他们的欲望创造了今天我们所看到的观赏性运动、
海滩旅游、快餐和流行音乐等休闲产业。但另外一些人有不同
的欲望，所以休闲产业就会做出调整以提供其他选择：健身中
心和健身房、探险假期、真正的慢食和全球寻根音乐。这些例
子就像品位的迭代一样层出不穷，而选择只受到经济实力和社
会环境的限制。因此，罗伯茨能够批评休闲产业未能为女性提
供正确的机会和选择（同上）；但同时也可以论证拥有经济实力
的女性能够塑造她们的休闲选择，以使自身更好地适应作为女
性、作为个人以及作为消费者的身份认同。对罗伯茨而言，理
性行动者免于做出自由选择的制约这个观念是基本的；但他也
意识到国家或其他非商业部门在保护和创造多种休闲选择方面
的重要性，而这些选择单从货币层面讲是不经济的。正如他所
说的（Roberts, 2004, p. 7），他有关休闲产业的书"在休闲中标
识出了第三条道路……在这儿，市场是不受约束的，或多或少
是自由主义权利所设想的……商业只有在某些范围被公共的和
自发的部门占据的情况下才会受到限制。其他范围的市场则是
自由的"。

　　罗伯茨将休闲作为自由选择的本体论观点，以及他通过对
我们的选择进行经验观察来探索休闲本质的认识论立场，都要
归功于马克斯·韦伯的理论框架，而马克斯·韦伯的理论框架

又影响了塔尔科特·帕森斯（Parsons, 1964）所发展的关于劳动社会学的功能主义理论。事实上，正是帕森斯将韦伯的著作普及化，把韦伯后期的重要文本译成英文。韦伯认为，社会关系是由劳动与资本、老板与工人关系以外的事物引起的（Weber, 1964）。他还认为，现代性是一个合理化的时代：大型官僚机构、工厂流水线、科学的确定性的建立，以及将这一切应用于我们日常生活的工作和休闲的区分中。这一韦伯式的框架不仅对帕森斯，也对罗伯茨和第一代休闲理论家产生了巨大影响。休闲是不工作，休闲是合理化的，休闲是自由选择。韦伯在《新教伦理与资本主义精神》一书中认为，西方资本主义中工作的重要性是新教精神中关注宿命和善行的结果（Weber, 1930: 1992）。新教是16世纪天主教会腐败的后果，并改革礼仪和神学实践（因此是宗教改革）的尝试。加尔文等改革家的著作影响了17世纪英格兰的清教徒。加尔文相信，一个人死后的命运是注定的：也就是说，一个人不能做任何事情来影响上帝的决定。对加尔文和清教徒来说，只有少数的选民才能得救。但人们怎么知道自己是上帝的选民呢？英格兰的清教徒相信，通过在此世的勤奋和努力可以被认定为选民。通过勤奋和正直，通过做出正确的道德判断与行动，宿命变成了可以预见的东西。天主教会的内在恩典被邻人的良好评价所取代。如果一个人有空闲时间，那么他就会用它来做一些有教益的事情、一些具有外在道德的事情。韦伯说，资本主义和工业化首先发生在 17—18 世纪的英格兰，这是因为清教徒的"工作伦理"彼时已经成为英格兰文化的一部分。韦伯说，正是这一点将工作的重要性铭刻在现代生活中。好好工作的重要性关系到来世：那么，就毫不奇怪罗伯茨在休闲选择中看到了某种区分不经济但道德的休闲产业的方式，诸如（因为重要而受到补贴的）公共图书馆员的工作与多媒体娱乐企业的市场导向的、核算盈亏的工作。

彼得·布拉汉姆和葛兰西派——休闲不是自由的

以彼得·布拉汉姆的理论为例，对休闲悖论的葛兰西式解决方案则认为，虽然有些人，如富裕阶层、中上层阶级、白人、男性等，可能有一定的主动权和自由来选择他们的休闲，但工人阶级和其他边缘化的弱势群体是没有这种自由的（Bramham, 2006）。此外，权力在现代性终末处的霸权地位表明商品化的休 20 闲成为统治阶级使工人阶级对他们所受的压迫一无所知的一种方式（Carrington & McDonald, 2008）。早期的理论家如凡勃伦批评体育的野蛮，而西奥多·阿多诺和法兰克福学派的其他人则从马克思所描述的宗教中找到了相似之处，时常被援引的"大众的鸦片"正是极权主义国家压制大众的媒介。在阿多诺看来：

现代体育……试图恢复身体被机器剥夺的一些机

能。但他们这样做只是为了训练人们更麻木地为机器服务。因此，无论在哪里组织，体育都不属于自由的领域。（Adorno, 1967, p. 81）

当然这种将休闲看成转移大众注意力的观点由来已久。罗马讽刺作家朱文诺写道，在他的时代，罗马人民乐于接受救济金（面包）和娱乐（马戏）以转移对政治辩论的注意力。

很久之前，自从没人再出卖选票，公众就放弃了自己的职责；对那些曾主宰政治权力、军队和一切事务的人，如今能控制他们，使他们焦虑的只有两件事——面包和马戏……（Juvenal, Satire 10. 77-81, in Braund, 2004）

当然，因为未能考虑到后现代状况，葛兰西派对休闲的论述受到批评。不少理论家已评述了着眼于职业并以职业类别来界定阶级的不足（Drudy, 1991; Scase, 1992; Scott, 1994）。向后工业社会转变导致就业模式的变化（Bell, 1973; Lyon, 1986），使得保险、银行与其他文职和服务行业中传统白领的、下层中产阶级的岗位数量增加。但是很明显这个新的工人阶级，即至少在英国被归为下层中产阶级（C1s）的那些人，与传统的工人阶级享有相似的传统和文化（Roberts, 2001）。矿工的女儿如今

成了保险员，矿工的儿子现在是银行柜员。因此，尽管可以说   21
传统意义上与劳动阶级相关的职业正在衰退，而后现代社会创
造了一个富裕的消费阶级，汉堡包和好莱坞电影（"影片"）
被所有人狼吞虎咽（Featherstone, 1991），但在统治阶级、资产
阶级管理阶层和在工作场所被剥夺控制权而仍然在劳作的工人
阶级之间，还是存在着阶级区分。只不过现在这种工作更可能
是输入保险单索赔的数据，而不是铆钢。总之，尽管传统上构
成这些阶级的定义和界限已经发生了变化，但在所有西方国家
仍然存在着阶级体系，仍然存在着工人阶级的意识（Roberts,
2001）。工人阶级与统治阶级之间的关系可以看作是一种霸权斗
争（Bocock, 1988）。一种权力关系试图将主流阶级的意识形态
推导给统治阶级。大英帝国霸权的发展，在威尔士是借助英式
橄榄球联盟的传播，在加勒比海地区则是借助板球的流行，体
育和维多利亚时代业余主义①风气转移到被统治阶级身上
（Mangan, 1988）。体育和休闲在创造和维持帝国霸权上发挥了
强大作用，它们将统治者的文化灌输给被统治者（Stoddart,
1987）。

霸权理论的流行要归功于葛兰西作品（Gramsci, 1971）的
出版，葛兰西详细阐述了在统治阶级的支配与遍及统治者和被
统治者的统治文化中完备的文化霸权之间的区别，该理论在应

---

① 译注：原文为 Amateurism，业余主义认为享受体育等活动带来的乐趣比从中
谋利更为重要，与职业主义相对。

用到休闲和体育研究时受到了批评。麦克阿卢恩认为霸权理论的中心地位对他所谓的阶级迷信的英国文化研究是有害的（MacAloon, 1992）。他认为，霸权的主题偏离了人们在体育中的体验这种更宽广的全球性主题，这使得文化研究成为民族中心主义的对象。哈格瑞夫斯和汤姆林森回应说，霸权概念在应用于体育的结构性分析时，既强调了阶级，也强调了文化实践（Hargreaves & Tomlinson, 1992）。正如格鲁诺（Gruneau, 1983）与英格汉姆和哈迪（Ingham & Hardy, 1993）所声称的那样，体育并不非要成为统治阶级价值霸权的媒介。格鲁诺称，体育可以成为反霸权的抵抗的媒介，在这种情况下，被统治者对霸权做出反应，并试图抛弃被强加的文化价值。扎维（Jarvie, 2006）和哈格瑞夫斯（Hargreaves, 1986）都探讨了体育在挑战和维持霸权两方面的作用。摩根（Morgan, 1994）在回应哈格瑞夫斯与汤姆林森（Hargreaves & Tomlinson, 1992）时提出，不仅是阶级，文化实践也可以通过符号学差异来区分，即通过不同符号意义的差异来识别。因此，霸权关系可以发生在任何支配—被支配的孪生物之间、任何有权力关系的地方。

威廉姆斯详尽展开了霸权和文化概念（Williams, 1977, 1981）。在《马克思主义与文学》（*Marxism and Literature*, Williams, 1977）一书中，他提出了文化的三重关系。文化被视为与某一特定社会群体有关的文化的和意识形态的实践。在任何时候，霸权都会产生一种支配文化，在当代社会中这种文化

22

被视为行为和观念的良好模式。这就是在报纸上所谓"文化"的栏目，它指向那些具有良好的审美、智识和社会力量的事物，如古典音乐、文学、戏剧等（Williams, 1981）。然而，霸权关系意味着这种文化在整个社会的各层面都占据着支配地位，那又怎么会有其他的文化呢？威廉姆斯（1977）对这一问题做出了回应，他指出，与支配相对，仍然会有一些文化形式，有过去的残余形式，还有最终可能会挑战霸权的新兴形式。因此，存在着三种权力关系，而文化可以被表征为一种竞争的动态。

这个概念可以而且已经被应用于体育（Ingham & Hardy, 1993）。多纳利和扬（Donnelly & Young, 1985）使用了支配和残余形式这些观念，解释在邓宁和施尔德（Dunning & Sheard, 1979）的研究识别出的职业化之前，为什么这个国家（译注：英国）与橄榄球联盟相关的行为模式会成为北美体育的附庸。残余—支配—新兴的观念可以用来探索在一个想象的共同体中的张力，其中，体育和休闲定义了归属感，同时又被历史所定义（Spracklen & Spracklen, 2008）。尽管如此，应用霸权概念时也存在一些问题，因为人们几乎总是会认为彻底的霸权还没有发生，而某种形式的抵抗正在进行中。福柯提出在探讨权力关系时重要的是权力的实际分配，而权力从来都不是集中于一个群体的（Foucault, 1972, 1980）。不同权力场所之间是在不断地相互作用的，而不是不平等的权力关系所意指的那种支配—霸权过程。因此，威廉姆斯（1977）所描述的是对权力去中心分配的复杂性的一种理想化效果。

正是基于这种方式，彼得·布拉汉姆借鉴经威廉姆斯和他的学生斯图亚特·霍尔（Hall, 1993）过滤后的葛兰西思想，发展出了一种休闲作为不自由的持续范式（Bramham, 2006）。布拉汉姆关于现代性的终末、关于全球化与后现代主义对休闲的影响的精深理解，使其捕捉到旧意义和新用法之间的困境，尽管他最终是以对阶级的一种批判性的实在认识论观点来表达的。正是因为如此，布拉汉姆的作品有一种悲观主义：休闲事业作为解放工具是失败的，虽然一些幸运的人可以选择去散步或看戏，但能动性是一种妄想，阿多诺理论中所谓的"稳健之手"（不可动摇的命令，steady hand）确保了我们可以在赛百味（Subway）吃饭、为我们的运动队欢呼。

克里斯·罗杰克与诺伯特·伊利亚斯

直到最近，关于休闲和体育在社会和文化上的重要性的理论，都可被归类为"莱斯特学派"（Leicester School）及其他。"莱斯特学派"指的是成形论的社会学（figurational sociology）以及诺伯特·伊利亚斯的学说。简言之，成形论被描述为一组连接个人的相互依存关系，一种其活动中心处于变动之中的动态结构（Elias, 1978, 1982; Elias & Dunning, 1986）。如伊利亚斯所使用的那样，成形论成为一个动态网络，它包含了围绕社会学元理论的结构—能动性之争（Urry, 1982; Smith & Turner, 1986; Cohen, 1989），同时未将现代主义对科学性的愿景（Winch, 1958）交给本土化话语的后现代观念（Foucault, 1970, 1972; Baudrillard, 1988）。成形论的概念以文明化过程的元理论为动力（Elias, 1978, 1982），它认为通过社会的时间性产生了一些进步，向更文明的行为模式发展。在伊利亚斯和"莱斯特学派"眼中，有组织的体育成为确认和证实这种一元理论的所在。有组织的体育并不像阿多诺说的那样是一种压迫工具，而是被看作文明行为的一个符号，是一种人性的自然暴力在其中首先被控制、然后被模拟的暴力所取代的生活形式（Elias & Dunning, 1986）。根据成形论者的观点，体育史表明对暴力的明显厌恶和个人体育项目上规则编定的增多，这证明了文明化进程的存在。

在20世纪最后几十年里，成形论的社会学的支持者和批评者之间的信条之争愈演愈烈，当时葛兰西主义者和成形论者都试图主导休闲理论的智识发展（Horne & Jary, 1987; Jary, 1987; Dunning & Rojek, 1992; Jary & Horne, 1994）。成形论的社会学在很大程度上是一种现代主义范式，受"维也纳学派"发展出来的实在论、理论检验以及逻辑实证主义（如Carnap, 1962）这些概念的影响，波普尔的证伪理论也同样借助了"维也纳学派"的思想（Popper, 1968）。文明化进程是对社会、社会历史的进步主义解释。历史学家们曾警告过以"现时更好"来对过去做

24

出判断的危险，历史被写成对现在或不久将来的一个时段的简洁序言（Butterfield, 1931: 1968）。这样的描述导致了歪曲和遗漏，因为作者试图描绘出使现在的行为和问题正当化的一幅历史进步的图景：典型的例子就是马克思的元叙事的历史主义和韦伯对资本主义进程的解释。不那么偏激地看，进步主义的解释，如文明化进程，根本就不能解释人类思想和行动的丰富性和多样性，而且他们常常假定一种种族中心主义的历史，使得现代西方的文化和经济结构成为历史的必然结论（见 Fukuyama, 1992）。

　　霍恩和扎瑞称，成形论的社会学至多只算得上好的社会学——对历史的敏感、对更宏大结构中的过程和人的能动性的认识——并不需要与该领域的其他理论区别对待（Horne & Jary, 1987）。当然，成形论者已经产出了一批富有洞察力和影响力的作品，比如埃里克·邓宁（Eric Dunning）等关于男性气质和体育的讨论（Sheard & Dunning, 1973; Dunning, 1986）。霍恩和扎瑞批评成形论是因为他们将之视为潜在的功能主义（Parsons, 1964）、理论领域内的偏狭主义，并且在成形论的解释中似乎缺乏对阶级和性别的分析。他们还指出了伊利亚斯所做的"虽然文明化进程是有方向性的，但它也可能会倒退"这一论断。元理论中的这一论断似乎是事后诸葛亮，设计意图是来解释成形论者关注的足球流氓暴力，试图既通过使用文明化进程来解释这个问题，同时又证明元理论（Dunning et al., 1982）。

针对霍恩和扎瑞的批评，邓宁（1994）指出，成形论并不是通过成形论者本身才得以成为一种独特范式的，不过他重申了其作为体育和休闲的社会学的决定性思想的重要性。他论述道，该理论的独特性恰恰是来自文明化进程和"参与—分离"的方法论思想。也即，成形论允许对该领域的同情理解与科学客观性同时存在。成形论者曾主张，他们的批评者们没能体会他们的方法和文明化进程的精微之处（Elias & Dunning, 1986）。然而，他们正在（虽然可能不会明确地这样描述）试图以库恩式革命的方式建立一种范式来挑战现有的典型的社会学（1962）。

争论继续。扎瑞和霍恩重申了他们对文明化进路及其独特性的质疑，并批评了其对暴力进行控制的强调（Jary & Horne, 1994）。很明显的是，随着元理论受到持续挑战，尽管对文明化进程的摈弃并不意味着成形论本身不好，但是伊利亚斯主义的缜密性受到威胁。这种研究历史社会学及遵循各个进程的观念是有价值的（Scambler, 2005）。成形论概念本身，即基于权力变化的一个变动中的网络，让人联想到福柯对权力关系的描述（Foucault, 1980）。

克里斯·罗杰克以成形论者身份出道，与埃里克·邓宁合作参与了捍卫成形论和抨击新马克思主义对体育和休闲解释的重要工作（Dunning & Rojek, 1992）。如前所述，在20世纪90年代初，罗杰克通过接受后现代主义，使自己的智识立场发生了

重大的理论转变。他批评休闲和体育社会学家未能认识到三件
事情：社会（或至少是发达国家的社会）已经变成后现代的了
（阶级的终结、结构在均质化面前的消解）；休闲在表面上已经
变得后现代（生活方式的运动、新部落、虚拟性的兴起）；由于
认识论的不确定性使得关于理论的实证主义真理处于不牢靠的
状态（没有霸权或成形的结构来支撑一切）。在三本书（Rojek，
1993, 1995, 2000）和两篇论文（Rojek, 2001, 2002）中，他详述
了后现代社会中的后现代休闲，同时小心翼翼地放弃了邓宁和
新马克思主义者的确定性。但是后来他又从后现代主义中抽身
出来，在《休闲理论》（*Leisure Theory*, Rojek, 2005b）一书和
《休闲研究》（*Leisure Studies*, Rojek, 2005a）期刊的论文中，他试
图勾勒出一种休闲理论：这种理论既承认在休闲和社会中的后
现代趋势，又能考虑到自信地回应实践的、经验的研究问题。
他所提出的休闲理论（或者路径，用他谨慎的术语来说）——
行动理论——是对成形论的方法论的严格性和对结构的形而上
的怀疑论的回归。罗杰克试图通过回归到能动性来为休闲悖论
提供一条出路：我们受到提供给我们的工具的局限性，但我们
构建我们的休闲生活，我们塑造我们周围的世界。正如他所论
述的那样：

26　　　　行动路径无关乎本质主义者那种将休闲探索视为
　　　　好像是对"上帝赋予的"个人自由和选择的观点。它

也不支持那种将休闲行动者作为阶级、性别和种族的结构力量愚蠢的"承受者"来调查研究的路径。能力和知识总是会被认定为行动的先决条件。同样，对这些资源的调用总是会被理解为有条件的和图式化的。
（Rojek, 2005b, pp. 12−13）

因此，对罗杰克来说，主动参与体育活动或在业余戏剧中表演的市民与一手拿啤酒一手拿遥控器看电视球赛的被动的休闲消费者是有区别的。休闲已经变得后现代，现代性的结构已经（总体上，虽然不是完全）解体。将主动的市民和被动的消费者区分开来的是能够借助能动性以超越商品化和消费的知识、教养和动机。所以对罗杰克而言，休闲是有好坏之分的：好的休闲是那种赋予个人力量和能动性的休闲，那种引导他们做个好市民的休闲。罗杰克认为的理想休闲是地方性组织的、有价值的活动，如散步和骑自行车（《休闲理论》的封面是冬天空旷郊外的一辆自行车，天际山峦起伏，让人联想起爱德华时代社会主义的号角俱乐部）。在这个意义上，罗杰克通过将与中产阶级的规范和价值观（自我提高、健康生活、道德）相关联的积极休闲与无知、温顺的大众的被动消费进行对比，回归到文明化进程。在这点上，与诺伯特·伊利亚斯一样，罗杰克似乎也借助了大卫·普特南（David Putnam）的社会资本观念（Putnam, 2000），而这一观念又可以追溯到皮埃尔·布尔迪厄那里。

主流社会理论应用于休闲研究：布尔迪厄的影响

皮埃尔·布尔迪厄的研究在社会学中一直很有影响力，尽管（或者也许正是因为）他的想法的性质和意义受到质疑（Calhoun, et al., 1993; Robbins, 1999; Shusterman, 1999）。他研究的核心是关注理解自由和制约之间关系，对我们的自我范畴化和限制我们的范畴之间关系。对布尔迪厄来说，阶级明显是要考察的一个范畴，在《区分》（*Distinction*）一书中，他探索品位和文化偏好的意义和功能，将之视为同时是阶级或社会地位或他所描述的习癖（habitus）的产物和生产者（Bourdieu, 1979: 1986, pp. 101–102）。品位与社会地位相联系的机制是借助对文化资本的获取：构成适宜品位的知识（Bourdieu & Wacquant, 1992）。在这个意义上，文化资本类似于经济资本，但文化资本是在人类生活的一些特定领域中累积和应用的。所以，在《区分》中，我们可以看到布尔迪厄描述了不同阶级通过体育领域不同项目的物质和活动来积累文化资本的各种方式：

> 我们知道，尽管经济壁垒在高尔夫、滑雪、快艇甚至马术和网球中如此重要，但并不足以解释这些运动在阶级之间的分布：更为隐蔽的入门费用——比如家庭传统和早期训练甚至仪表（或穿着）和严格的社

交技巧——禁止了民众阶级从事这些运动。[1]

(Bourdieu, 1979: 1986, p. 217)

文化资本并不是布尔迪厄所认识到的在这些不同领域运作的唯一资本。他还提出，这些特定领域的个人通过获取社会资本和符号资本来赢得权力（自由）和接受（归属）。对于布尔迪厄而言（1991, pp. 229-231），如果说文化资本是正当知识（例如，知道在正餐中使用哪副刀叉），那么社会资本则是形容与该领域中其他人之间有价值的关系（例如，通过与俱乐部主席在同一所公学就读而成为正餐俱乐部的会员）。再者，个人积累人脉和关系就像把现金变成资产一样，社会资本类似于经济资本。不过，社会资本，如同文化资本，是在其所处的领域中积累的。

对布尔迪厄而言，休闲、体育和旅游显然是重要的活动。因此，毫不奇怪可以看到布尔迪厄的大量作品被经验主义者和理论家们、韦伯主义者和马克思主义者、后现代主义者和实在论者挑来拣去，他们都想把布尔迪厄当作自己队伍里的一员（Jenkins, 2002）。特别是在体育社会学方面，一些后马克思主义理论家，如艾伦·汤姆林森（Tomlinson, 2004），支持布尔迪厄的理论，将其作为保护批判的实在论（能够对体育说出一些有

---

[1] 译注：本书中布尔迪厄著作 *Distinction* 节选中译文参考《区分：判断力的社会批判》，刘晖译，商务印书馆，2020年。

目的性和规范性的话）与解决围绕结构和能动性的问题（体育
是从压迫中解放出来的，还是作为压迫体系的一部分）的一种
方式。在更为宽泛的文化研究中，"习癖"这个概念以及与文化
资本的联系使得各种（后）现代亚文化的研究者［如 Bennett
（2001）等那些对流行音乐和青年身份认同感兴趣的研究者］可
以探索身份认同、连接性和行为规则。在我自己的研究论文所
回顾的时段中，《休闲研究》杂志发表了 177 篇论文
（Spracklen, 2007b）。其中，48 篇论文在文中至少使用了一次
"社会资本"，44 篇论文在文中至少使用了一次"文化资本"。
在文中同时使用这两个词组至少一次的论文有42篇：6篇讨论
社会资本的论文根本没有提及文化资本，1篇论文提及了文化
资本，但没有涉及社会资本。就这42篇同时提及这两个词组的
论文而言，我们可以认为这种用法并不是作者偶然提及社会资
本和文化资本这样的意外。《休闲研究》的这篇综述中，大约有
1/4的论文采用了布尔迪厄的作品以（在某种程度上）标识他
们的批判分析。有趣的是，只有 17 篇论文在文中提及了布尔迪
厄，其中有 2 篇论文在使用他的作品时完全没有提及文化资本
或社会资本。换言之，在 42 篇使用这两个词组的论文中，只有
15 篇（不到1/3）"屈尊"提及了布尔迪厄。斯普拉克伦对标
题、摘要和关键词的综述发现，在177篇已发表的论文中，只
有6篇在这些重要领域提及了"社会资本"一词（Spracklen,
2007b）。其中3篇也提及"文化资本"（Blackshaw & Long,

28

2005; Drew, 2005; Urquia, 2005），有1篇没有提及社会资本的论文在摘要中提及了文化资本。进一步阅读时，在这些重要领域提及社会资本的这6篇关键论文有一个明确的分析重点，即在其中通过体育及（或）休闲来积累这种资本。瑞文斯克罗夫特（Ravenscroft, 1998）可以被理解为第一波使用社会资本观念研究中讨论休闲的社会资本的典范，琼斯和塞门（Jones & Symon, 2001）以及艾瑞和佩德拉（Arai & Pedlar, 2003）应该是第二波研究的先驱。在这6篇论文中，有2篇属于流行音乐专刊。厄齐亚（Urquia, 2005）将社会资本的使用限定在对伦敦的萨尔萨舞课和萨尔萨舞之夜的解释上（即把萨尔萨舞看作是种族化的新部落的一部分），而德鲁（Drew, 2005）在审视资本、结构（阶级）和卡拉OK之间的相互作用时，也遵循了同样谨慎的路径。只有布莱克肖和罗恩（Blackshaw & Long, 2005）对利用社会资本和文化资本来论证休闲与体育政策的合理性进行了持续的解释和批判。布莱克肖和罗恩，加上厄齐亚，也正是这6篇论文中仅有的在标题、摘要或关键词列表中所有地方都标示了布尔迪厄的作者。

斯普拉克伦（2007b）的综述展示了布尔迪厄的研究，特别是他的社会资本和文化资本概念已经进入休闲和体育研究的学术话语。首先，社会资本和文化资本经常被毫无争议地使用。休闲理论家和研究者们似乎乐于使用其中之一或两者来强调在社会或文化互动中休闲与能动性和制约的关系。其次，在提及

29

社会资本和文化资本时，布尔迪厄并不会总是被提及。换言之，这些观点被认为应是每个学者的概念框架的一部分。确实，布尔迪厄的话语以如此自信的方式被使用是其学术地位的标识。把布尔迪厄的术语抛入论证中，显示了作者理解理论的能力，而使用该术语的论文比例之高，清楚地证明了这种策略在限定场域内的成功。再次，对于休闲和体育帮助个人积累社会资本及（或）文化资本的积极方式，存在着一种潜在的假设。在厄齐亚的萨尔萨舞班此类实例中，有证据表明个人在这些实例中为自己创造了社会资本。最后，有一小部分休闲理论家和研究者试图以更为批判的方式对待布尔迪厄，他们对其他学者和政策制定者在处理现代社会问题时对（虽然偶尔与休闲一起，尤其是）体育的价值（用途）所做的假设保持谨慎态度。

结论

如果把关于休闲悖论的争论当作中世纪经院哲学中关于一根针的针尖上能站多少个天使的争论，那么它就很容易被束之高阁。本书的许多读者可能会像那些（大学）一年级的学生一样想知道，我们这些休闲理论家究竟在争论什么。用我的学生们的话说，休闲就是休闲，就是我们自己想做的事情，不是吗？这种关于休闲的常识观念在对悖论的答复中已经得到体现。对罗伯茨来说，尽管他承认选择受到限制，但悖论并不存在，因为休闲只是我们不工作时自己做的事。对于布拉汉姆以及其他葛兰西主义者和激进的女权主义者（如 Watson & Scraton, 2001; Scraton & Holland, 2006）来说，悖论存在，因为人们不被允许自由选择：社会结构、全球化、权力、霸权等都限制了我们的能动性和我们的自由，尽管布拉汉姆确实接受以后现代的趋势给一些人（特别是还算富裕的西方白人男子）自助餐式的休闲饮食来消费。在后面这个例子中,虽然悖论对于陷入结构性制约的人而言仍然存在,但是对于上述"一些人"而言则降为了幻象。罗杰克起先认为悖论并不存在，因为在逻辑上可能的是，休闲对不同人可以是任何不同的东西，是一种解放，同时也是一种陷阱（Rojek, 1995）。当罗杰克远离后现代主义，回到对本体论和认识论的信仰之后，休闲悖论又回来了：他的答案是，像20世纪英国上流社会的米特福德姐妹一样，在我们的休闲生活中划定为上层阶级所接受的（U, upper class）和不为上层阶级所接受的（non-U）界线（Mosley, 2008）。虽然这很有说服力，而且与普特南和布尔迪厄在休闲和体育的社会学中日益增长的影响力相关，但它仍然是成问题的。还有成形论和文明化进程的幽灵。米特福德姐妹任意地决定了她们认为时髦的和受人尊敬的、配得上上流社会的时尚一族（U），以及她们认为笨拙的、下层阶级的甚至不值得尊重的（non-U）。罗杰克及布尔迪厄理论的支持者们最终也有会这么做的风险。关于体育作为创造社会资本和文化资本的一种工具的价值的辩论展现了一种特别的

30

方式，作者们的品位和偏好在其中成为行动的建议，而这种建
31　议则已是自明之理。

第二章　哈贝马斯与交往和工具理性

尽管尤尔根·哈贝马斯对后现代主义的攻击性评论使得他不太被英美的批判和文化研究流派所接受（不同意见可参见Aboulafia, Bookman & Kemp, 2002），但是他的作品在欧洲的批判社会学中还是非常有影响力的（Thompson & Held, 1982; Pedersen, 2008）。哈贝马斯的著述涵盖政治科学（Habermas, 1991: 1996; 2001: 2006）到认识论和伦理学（Habermas, 1983: 1990; 1991: 1993），但就根本而言哈贝马斯关切的是保护现代性的方案和对理解社会提供一条新的批判的取向（Pedersen, 2008）。对哈贝马斯而言，阿多诺和葛兰西的批判著作可以通过承认两种不可调和的理性之间的张力而与自由主义的自由观念相调和：交往理性，起源于人类的互动以及观念的自由交流（诸如，启蒙运动的目的和模式）；工具理性，是资本主义与现代民族国家兴起的产物。

哈贝马斯采取了撰写元叙事时历史编纂学般的谨慎态度

（Finlayson, 2000; 2003），通过非交往理性与工具理性，来引入和解释市民社会的生活世界和启蒙方案的缓慢沉没（Habermas, 1981: 1987）。对哈贝马斯而言，市场资本主义和官僚制国家是同一工具理性的两种产物。如同交往理性产生自由的、交往的行动（Habermas, 1981: 1984），正是这种工具理性限制了个体理性化和施为于任何非商品化事物的能力：所以工具理性导致工具性行动，而工具性行动导致商品化休闲和被动消费。

32　　　在本章中，我将探讨哈贝马斯关于交往理性和交往行动（以及它们的工具性对应物）的重要哲学概念，以及他如何有意识地将这些观念应用于对历史、社会学和现代社会的思考。我将审视致使哈贝马斯发展的为理性辩护，同时又让他有一个批判空间来抨击晚期现代世界的偏见和偏颇性的哲学问题（Pedersen, 2008）。问题的核心看似又是一个悖论：科学和自由思考的成功显然不可避免地导致了20世纪法西斯主义的残酷理性。因此，为更好地理解哈贝马斯的动机，有必要考虑以下两件事情：启蒙方案的衰落及其对哈贝马斯的影响；科学史和科学哲学研究中哲学和社会学的教训。但哈贝马斯的职业和政治生涯的背景值得先作简略了解。

尤尔根·哈贝马斯：早期的反传统者和后期的欧洲英雄

尤尔根·哈贝马斯出生于1929年，即德国魏玛共和国的最后岁月（Horster, 1992）。从魏玛共和国开始，战争赔偿、右翼民族主义和左翼的煽动就阻碍了德国引入自由民主的尝试。哈贝马斯那时可能还太年幼所以不能明白这些事情，但在他生命中的前四年，利用民族主义内部不同派别的分歧以及对共产主义的恐惧，阿道夫·希特勒的民族社会主义党通过选举获得了相当大的政治势力。到1933年，希特勒成为德国总理；不久之后，德国自由民主的标志国会大厦被烧毁。纳粹嫁祸于共产党人，并以这场大火为借口，制定法律来钳制言论以及其他的公民自由。在这种情况下，随着众多共产党人士和其他中左翼、左翼政治活动家被逮捕，纳粹在火灾之后的那个月赢得了国会选举。因这次选举的胜利以及对右翼小党派的恐吓，纳粹通过了法律给予希特勒逐步统治德国的权力。希特勒已经成为事实上的独裁者，议员们赋予他法律上的独裁的权力（Martel, 1992; Kershaw, 1993）。

哈贝马斯在纳粹德国长大，每天都能看到魏玛共和国的失败以及自由民主失败的后果。在纳粹施行种族政治、反犹主义和极权主义的同时，希特勒第三帝国的最初几年给这个国家带来了信心和繁荣（Traynor, 2008）。但希特勒让德国变得纯洁、

33

让其他国家向德国的优越性低头的计划的逻辑后果是战争和种族灭绝的恐怖。哈贝马斯本人也陷入关于德国团结的谎言中，他稍微长大些后加入了希特勒青年团（Finlayson, 2004）。在战争结束，集中营的恐怖得以曝光时，哈贝马斯才看到了自身理智上的错误。通过这一切，年轻的尤尔根·哈贝马斯一定已经深思过民主制的弱点、极权主义冷酷的理性，以及利用诸如黑格尔等德国浪漫主义哲学家为谋杀和不容异己进行辩护的危险性（Habermas, 1997）。1949年，西德作为一个民主自由的堡垒对抗后来成为共产主义东德的这一年，哈贝马斯到大学学习哲学（Finlayson, 2004）。在那里，对黑格尔的兴趣使他获得了哲学博士学位，他批判性地探讨了黑格尔同时代的朋友谢林在本体论和历史编纂学上的著述（Habermas, 1963: 1988）。谢林对自然中绝对的根本性的保守观点，以及这种观点与黑格尔的历史（天定的）命运之间的关系，在20世纪的德国哲学中已基本上被人遗忘；但是在1933年加入纳粹党并一直到1945年战争结束时才结束党员身份的马丁·海德格尔的作品中，它一直是具有影响力的主题（Finlayson, 2004）。

哈贝马斯对谢林的认真批判使他加入了美因河畔法兰克福的约翰·沃尔夫冈·歌德大学（Johann Wolfgang Goethe University）的社会研究所。这就是著名的法兰克福学派，由后马克思主义批判理论所主导。哈贝马斯在这里的博士后工作①得到了霍克海默和阿多诺的教导和指导。这两位在当时都已经出版了有影响力的哲学和社会理论著作。阿多诺刚刚发表了关于流行音乐的贫乏和现代文化的邪恶的研究（Adorno, 1947）。霍克海默的《理性之蚀》（*Eclipse of Reason*）（1947: 2004）一书涉及理性的本体论及其历史发展。对霍克海默来说，真正的理性就是合理性。霍克海默声称，现代世界已经从真正的、客观的理性走向了主观的理性。主观理性导致了目的正当就可以不择手段，导致了通过功能来界定意义，导致了消除理想的概念取而代之以人民意志或利益的危险观念这些讨论。纳粹德国就是霍克海默所说的危险的客观理性之蚀的例子。霍克海默还与阿多诺一起写了《启蒙的辩证法》（Adorno & Horkheimer, 1944: 1992），阐述了法兰克福学派的批判理论方法，并抨击启蒙运动 34 是一个失败的、被误导的、傲慢的方案。

　　哈贝马斯本来可以简单地成为法兰克福学派的又一成员，与批判理论关于现代性的罪恶和对理性的失败的悲观主义保持一致。与此相反，他在从马克思那里得到的乐观进观的框架中，发展了自己在批判理论上的立场，阐释个体的自由和能动性（Finlayson, 2004）。在这个过程中，他与霍克海默发生了争执，

---

① 译注：原文如此，但实为德国特有制度"授课资格论文训练"（Habilitation），与一般意义上的博士后训练有相似之处，但并不完全一样。下面一段的"博士后论文"也应为"授课资格论文"。

并在他的博士后论文正式审查之前离开了研究所。但他与法兰克福学派的短暂关联为他在哲学和社会学领域打开了其他的职业机会，哈贝马斯很快就成为知名教授和西德自由左翼知识分子中的一员。当他不同意强硬派马克思主义学生活动家的对抗策略时，他与马克思主义的一致性破裂了（Finlayson, 2004），但他仍然是资本主义和极权主义／法西斯主义的重要批评者，也是自由民主主义的捍卫者。到20世纪70年代，他也是西德公民生活中的一个公众人物，支持联邦制以及欧盟的扩大；但最终也批评了德国的统一以及民族主义和历史修正主义的悄然生长（Muller, 2000; Traynor, 2008）。对哈贝马斯来说，欧洲作为一个公共领域的观念（Habermas, 1962: 1989）体现在它对民族利益的超越上，以及在对一个共享的公民话语的建立上。这与爱国主义的神话制造和自私自利的故事形成鲜明的对比；尤其是在德国，这种爱国主义与20世纪初的极右意识形态产生了过于密切的共鸣。那么，哈贝马斯后来的政治思想就是他早期与权威和自主性斗争的产物：哈贝马斯试图捍卫理性与启蒙运动和真理的哲学（Habermas, 1998）。然而，这两者在20世纪末都面临着棘手的挑战。

启蒙运动的衰落

在自然事实中寻找可解释的规律是以一种曲折的

方式进行的。面对一些无法解释的事实，你必须尝试
想象许多一般规律，但这些规律与你的事实之间的联
系你却不知道。然后，突然间，在一个结果、一个特
定的状况和其中一个规律的意外联系中，你察觉到了
一条似乎比其他更有说服力的推理线路……但直到你
到达终点，你永远不会知道哪些断言应该引入你的推
理中，哪些应该略去。

——巴斯克维尔的威廉（Eco, 1983, p. 305）

在翁贝托·艾柯（Umberto Eco）的小说《玫瑰之名》（*The*   35
Name of the Rose）中，名叫巴斯克维尔的威廉（William of
Baskerville）的方济各会修士被聘为调查员，调查一位本笃会修
士的神秘死亡事件。随着死亡人数的上升和谜团的加深，威廉
向他的同伴阿索（Adso）解释了他推理背后的逻辑，他希望能
据此得出一个符合事实的理论，从而找到凶手。然而，最后发
生的事情是，威廉的理论虽然是错误的，却使他找到了真相，
但真相远比他所想象的复杂得多。艾柯的小说在多层面上运作，
正如人们对符号学家的期待一样，谜团的关键是对知识和真相
的追求、保护以及解释。通过对符号的误读来实现"真理"，没
有理论是绝对先验的信念，这是符号学家最欣赏的一个笑话。
弄错的人是方济各会的——一个重振亚里士多德学问以追求一
种新自然哲学的修道会，这对中世纪史研究者而言更是个笑

话。但信息是明确的：谨防对真理的自信解释。

许多当代社会研究的认识论支柱已经偏离了构成诸多"实证主义"社会"科学"基础的科学主义的保守观念（Gellner, 1985; Craib, 1992），并遵循了一种受库恩（Kuhn, 1977）、费耶阿本德（Feyerabend, 1975）和拉图尔（Latour, 1987, 1988）影响的不同范式，这种范式被林肯和古巴（Lincoln & Guba, 1985）以及其他一些人视作自然主义。正如布卢尔（Bloor, 1974）所言，客观知识被神秘化为类似于圣杯一样，我们作为后世的圣殿骑士，必须发誓不偏离通往任何主观城堡的道路去寻找。正如布鲁诺·拉图尔在一个加载了相对主义的方法规则中所解释的那样："既然一个争论的解决是自然表征的原因，而不是其结果，那我们就永远不能用自然这个结果去解释一个争论是如何以及为什么被解决的。"（Latour, 1987, p. 99）

在学术界，这是一个不同寻常的悖论，尽管围绕科学方法在其他领域的有用性和应用的辩论、虚无主义和后现代知识，在21世纪大部分时间和20世纪的后1／4时间业已存在（例如，见Hobsbawm, 1987，第10–11章），但学术研究本身仍然必须符合关于真理和有效性的默会规则（Long, 2007）。在后现代的疯狂中，仍必须有一种科学的方法。这是因为关于什么是真实的、什么是可检验的、什么是有效的以及什么（最终）是我们社会中的事实的这些概念，都直接来自一个被启蒙的资产阶级的知识标准化，而这个标准化本身就利用了被发明的科学传统（当

36

然，这就是后现代主义者和后结构主义者所反对的启蒙运动的世界观）。我们生活在一个渗透着这种启蒙科学观的文化中（Woolgar, 1989; Latour, 1990），然而正如柯林斯和平齐（Collins & Pinch, 1994, p. 2）所认为的，"科学是如此地融入（我们的文化）之中……以至于实际所发生的事物从未被告知"。

20世纪哲学和社会学的不确定性反过来又导致了对理性和进步的信仰危机，这源于后现代或语言学的转向。后现代主义与一种社会变革有关。正如齐格蒙特·鲍曼所言，后现代主义承认工业化的终结以及现代性的终结（Bauman, 2000）。后现代主义在一定程度上预示着向后现代的转变，这将在下一章讨论。然而后现代主义并不仅仅是承认社会结构和其他社会现实的崩溃：后现代主义本身就预示着一种认识论的变化，或是一种范式的转变（Kuhn, 1962），导致真理、确定性和进步等概念的消解，取而代之的是真理的复数/多重、不确定性和相对主义。

后现代主义原本是艺术领域的一场运动，被认为是在20世纪初的一种特别的现代风格（Butler, 2002）。在这个意义上，后现代主义只是成为了艺术的新时尚或正统；但它也被看作是对现代运动的艺术方面的反应，现代运动没有专门为艺术家所创作的艺术品给予典范性解释的特权。随着20世纪的流逝，艺术领域的后现代主义开始与文化无政府主义联系在一起，挑战了当权派来自18、19世纪对古典资源进行评述的自信美学。艺术和后现代运动反映了社会秩序的解体、对传统的拒斥，以及把自满的中产阶级轰出其文化保守主义的企图（Butler, 2002）。雕塑、绘画、诗歌和小说一马当先，而大众新闻、评论和学术社会科学则紧随其后。

在20世纪下半叶，后现代主义开始被当作反对理性、法西斯主义恐怖的智识资源，也被看作反对浪漫主义与身份认同和民族神话式的邪恶的防波堤（Hobsbawm & Ranger, 1983）。后现代主义成为一些后结构主义者在文化研究、文学研究和哲学领域中轻率采用的一个术语，以用来描述这么一种观点，即不对任何特定意识形态、本体论或认识论具体化，并确切认为这种具体化（几乎？）是不可能的。这就是后现代转向。在休闲研究中，有人认为休闲活动已经出现了后现代转向（例如，在线游戏可以说是休闲的后现代主义的一个例子；或者街头活动，如滑板）。

向后现代主义发展的动向被成百上千的研究者和学术论文所确认。但共同的主题包括：文化实践的变化，文化界限的消解，游戏性和风格混搭，无深度和肤浅，以及碎片化。利奥塔（Lyotard, 1975: 1984）认为，西方文化已经成为后现代文化，而差异、语言、符号和表征与20世纪早期的社会结构相比更为重要。德里达的后结构主义宣称不存在单一的权威，不存在单一的真理：特别是，旧的元叙事，如马克思主义或女权主义不再具有重要价值或值得信任，而对于每一种意义都有另一种表意的迭代（Derrida, 1976）。鲍德里亚认为，在话语之外，或不以话语为中介，我们无法进入任何现实（Baudrillard, 1986, 1988, 1995）。他继续宣称，我们所能看到的是由这些中介性话语所构建的一个超现实。他的论点是，除了在电视上，（第一次）海湾战争从未发生过，这表明了我们对现实的印象被媒体的力量所扭曲。最后，尽管福柯经常反对他被视为是后现代主义智识圈中一员的说法（Gutting, 2005），但他在绘制权力定义的转变方面具有非凡影响力，这种转变即权力从被视为压迫性的现代主义定义转变为生产性的，以及由多种权力关系而非单一来源来行使而非持有的（Foucault, 1972, 1980）。

福柯、德里达和利奥塔都描绘了启蒙运动事业的虚伪性，他们认为启蒙运动是由私人精英主义的议程所驱动的，披着一副民主和自由的公众面孔。正如科学史所显示的那样（Hankins, 1985），18世纪末的启蒙运动是一场狭隘的哲学、政治和社会运动。它的主要理论家和思想家如伏尔泰、休谟和康德都是社会精英，热衷于维护他们的特权。他们拥护雅典民主的神话，因为那个民主制度就如他们的民主制度一样，是一个只属于有产者的民主制度，这些有产者拥有足够的财富使他们有闲暇时间阅读和写作哲学。正如霍克海默和阿多诺所指出的那样，这种财富就像18世纪欧洲公共社会那些沙龙和咖啡馆里的知识分子的财富一样，是通过对大众的压迫、奴役和霸权控制积累起来的。康德构建了一种心灵本体论，使理性成为自由思考的必要附属物（Kant, 1781: 1999），唯恐将自由思考的自由

38

延伸得太远：在他的《永久和平论》①一书中，他认为："确切地说，民主政体必然是一种专制主义，因为它奠定了一种行政权力，其中所有的人可以对于支持一个人或是反对一个人（这个人是不同意的）而作出决定，因而也就是由已不成其为所有人的所有人作出决定。这是公意与其自身以及与自由的矛盾。"（Kant, 1795: 2005, p. 11）康德的形而上学唯心主义为19世纪的浪漫派复兴和德国哲学家如黑格尔、谢林以及最终的马克思定下了基调；历史和启蒙运动在其中被视为民族主义或共产主义的必然先导。法国大革命中激进主义的失败和波拿巴主义的兴起，尤其对福柯而言，是启蒙运动作为一场真正的变革运动的终结：19、20世纪科学的工业化以及资本主义和精英权力的扭曲影响，使得对真理和理性力量的天真信念变得毫无意义（Foucault, 1973）。

后现代主义马上变成保守主义者和传统理论家作为蔑称使用的术语，他们把后现代主义模式化为一种极端虚无主义和相对主义。如果没有办法说出哪种关于世界的理论是真实的，那么我们就只能得出这样的结论：什么都不是真实的以及什么都是真实的，而这只是取决于某种视角。这种认识论的相对主义也被添加到关于科学的本体论的怀疑论上：例如，如果不存在特许知识，那么认为宇宙是由一个巨大的飞天意面怪兽（Giant

---

① 译注：本书中康德著作 *Perpetual Peace* 节选中译文参考《永久和平论》，何兆武译，上海人民出版社，2005年。

Flying Spaghetti Monster）用果冻创造出来的信念与认为宇宙是大爆炸的最终产物的信念具有同等的有效性。

后现代的"灰心沼"（Slough of Despond）再次威胁到理性。但我们不能像"柔顺"（Pliable）那样回头，相反，我们必须效仿那个基督徒去面对它。①后现代哲学认为，整个关于有效性和真理的争论是现代主义事业的一部分，它处理的是元叙事，应该将之摒弃而支持讲述复数真理或根本没有真理的本地化话语，以与唯一真理相对立。对许多批评家来说其中的相对主义意涵太危险了，因为没有某种能力来作价值判断的话，学术事业就会失败（Vattimo, 1988）。另一些人则认为，后现代哲学将学术辩论的重点从逻辑转向了修辞（Simons, 1989; Kvale, 1995）。当然，这样的一些论点与学术界依然盛行的科学主义截然相反，科学主义支持定量方法的严密性及所谓的有效性。然而，这种方法也因缺乏其宣称的有效性而受到攻击（Bloor, 1973），尤其是柯林斯和平齐批评社会学有"（对）物理学的嫉妒"，即本身是社会的产物，却试图搞得像一门科学（Collins & Pinch, 1994, p. 143）。

39

哈贝马斯自己也接受了面对和批判后现代主义的哲学挑战：

---

① 译注：该处"灰心沼""柔顺"和"基督徒"均出自约翰·班扬（John Bunyan）所著 *The Pilgrim's Progress*，中译文参考《天路历程》，西海译，上海译文出版社，1983年。

在他的《现代性的哲学话语》①（Habermas, 1985: 1990）一书中，他抨击德里达将哲学和批判性思维降为诡辩。在古希腊，诡辩家是指那些用修辞和文字游戏来搭建他们论点的人，而不是那些运用逻辑和理性的哲学家。哈贝马斯认为，德里达对意义的无限倒退除了论战之外无处可去，而关于理性和真理的辩论在其中被放弃了，变成了谁喊得最响、喊得最久的问题。德里达的后结构主义撕碎了任何合理的哲学推理，取而代之的是那些他认为需要向信徒传达的教条。反过来，德里达和其他后现代主义者抨击哈贝马斯为名誉败坏的启蒙运动做辩护，并指责他歪曲了后结构理论的精妙之处。但在21世纪初自由民主受到挑战之后，德里达承认欧洲有值得捍卫的东西，他承认哈贝马斯对启蒙运动作为欧洲未来模式的捍卫是有价值的（Borradori, 2004）。哈贝马斯试图抨击后现代主义中的虚无主义和相对主义，这与他试图维护理性以抵御来自科学史和科学哲学的怀疑的挑战有关。那么，要理解他的辩护，就必须探讨这些挑战，以及它们为我们和为哈贝马斯所提供的教训。

科学史和科学哲学的挑战和教训

在建构主义的宽松旗帜下，一大批哲学家、历史学家和社

---

① 译注：本书中哈贝马斯著作 *The Philosophical Discourse of Modernity* 节选中译文参考《现代性的哲学话语》，曹卫东等译，译林出版社，2004年。

会学家证实了后库恩（1962）范式，即科学家们在科学的建构（Barnes, 1977）、诸多科学理论的成功（Fuller, 1993, 2000）和多重科学真理的建构（拉图尔的"本质"，Latour, 1987, p. 99）中的角色。正如富勒（Fuller）所言：

> 越来越多的哲学家开始相信，科学哲学的未来要么是在科学研究的其他分支（尤其是历史和社会学）中，要么是在专门科学的概念性基础中。（Fuller, 1993, p. xii）

按照福柯（Foucault, 1970）的说法，我们可以看到，在库恩之后，科学社会学已经成为一种关于权力的话语，这种话语与科学实在论者的关注点相去甚远。如果我们相信林奇（Lynch, 1992）所说的，那么，科学实在论者只是在扮演一种生活形式（Wittgenstein, 1968）、一种将政治隐藏在理性主义外套背后的形式。这当然是福柯对批判理论、哈贝马斯和启蒙运动的关注所在。

然而，尽管林奇关于科学家和他们的话语的观点可能是正确的，尽管理性可能被用作对决定"自然"本质的霸权的福柯式权力斗争的工具，但这种话语的主题仍然可能是认识论的：我们毕竟可能仍然会关注什么是真实的，什么是达致真理所需要的，如何理解真理，什么是对事物的真实描述，以及我们如

40

何有理由认为这些事物和描述是真实的（即使我们认为真理是什么或许能以不同的方式来表达）。或者，换一种说法，作为认识论者，我们都（仍然）关心科学理论是否是真的，如果是，那为什么是真的（Psillos, 1999）。但是，还有一个更大的问题摆在那里：我们是否接受科学在我们对事物的描述中具有优势地位，以及一种因它与某种实在论的关系而引发的立场呢（Leplin, 1997）？这就是哈贝马斯认识论的核心信条（Habermas, 1992, 2003; Pedersen, 2008）：尽管意义是语用的，但我们理性思考的能力是以关于知识、认识论和本体论的科学实在论为前提的。正是在此处，哈贝马斯与社会哲学和伦理学进行了交锋，哈贝马斯为启蒙运动辩护，认为它是基于真理和理性而建立的方案（O'Neill, 1997; Gunnarsson, 2000）。为了了解他是如何做到这一点的，我们需要探讨科学认识论的实在论及其批评者们。

帕皮诺（Papineau）为认识论的实在论提供了一个合理可行的定义：

实在论……不论科学与否……（涉及）两个论题的结合：（1）独立性论题：我们的判断是对一个独立于我们的认识而存在的世界的真实性作出回答；（2）知识性论题：大体上，我们可以知道这些判断中哪些是真的。（Papineau, 1996, p. 2）

那么，如果我们应用帕皮诺的论点，科学实在论使我们能 41
够知道科学理论中哪些是真实的，这些理论真正指的是哪些术
语，哪些连续的理论保留了早期理论的关系和参照物，并且更
接近于真理（并作为结果，后来的理论解释了为什么早期的理
论在其有限的情况下是成功的），哪些科学家意在用真的和可知
的理论提供真实的描述。换言之，科学实在论旨在证明为什么
"成熟的和真正成功的科学理论应该被接受为接近真实的"
（Psillos, 1999, p. xvii）。这个定义并不与科学实在论的其他捍卫
者，如勒普林（Leplin, 1997, pp. 100-101）和库瓦里（Couvalis,
1997, p. 172）所提供的定义有任何显著的差别。对科学实在论
的捍卫者来说，关于科学理论本质方面的不同意见之间存在着
共性。科学给予我们对世界的真实描述。科学实在论是一种
"常识性"的、直观的科学成功观。按照普特南（Putnam）的说
法，科学实在论是解释科学成功的唯一的认识论立场：除非我
们准备好接受这种成功是出于奇迹，否则科学实在论就是从科
学的非凡成功中产生的（Putnam, 1975）。希罗斯（Psillos）对
"无奇迹论证"（No Miracles Argument, NMA）进行了扩展，承认
它是"最佳解释推论"（IBE-Lipton, 1991）的一种形式，但认
为只要它是一个整体的"外部主义和自然主义的实在论的认识
论套件"的一部分，它就经得起推敲（Psillos, 1999: p. 71）。换
言之，"NMA 是一种元归纳法"（同上: p. 79），它使我们对科
学、理性和实在充满信心，只要我们接受它作为一种论据。收

敛（convergence），即真理的出现，通过推论到最佳解释而一步步接近真理，是接受这个论据的结果。

然而，科学认识论中存在着一些关键问题，似乎对科学实在论提出了挑战。首先，可以说，正如劳丹（Laudan, 1981）和富勒（Fuller, 1997, pp. 80-105）所言，收敛似乎并没有发生。也可以说，尽管希罗斯（Psillos, 1999）和利普顿（Lipton, 1996）曾尝试过，但作为最佳解释推论的一种形式，无奇迹论证并没有逃脱其循环性的问题。范·弗拉森（Van Fraassen, 1980, p. 40）也指出了这一点，并套用达尔文的话辩论道："科学的成功不是奇迹……因为任何科学理论都是在激烈的竞争中和在尖牙利爪打斗的丛林中诞生的。只有成功的理论才能存活下来。"

怀疑论者对科学理论是真实描述的说法提出了质疑。根据范·弗拉森的观点，科学提供的叙述只是在经验上充分的，即与经验数据相符合的理论。正如范·弗拉森所言：

> 科学的目的是给我们提供在经验上充分的理论：而接受一个理论只需要相信它是在经验上充分的……如果一个理论对世界上可观察到的事物的描述是真实的——如果它"保留了这个现象"，那么这个理论就是在经验上充分的。（Van Fraassen, 1980, p. 12）

建构的经验主义，正如它的名字一样，利用了在理论的、可观察的实体与逻辑实证主义的经验主义之间的区别（Carnap, 1962），尽管它的经验主义版本要归功于詹姆斯（James, 1912）早期的实用主义。因此，对范·弗拉森来说，虽然我们可以确信我们对可观测物的解释是真实的，但我们（对不可观测物进行解释）只能拥有在经验上充分的理论（Van Fraassen, 1980, pp. 15-16）。对范·弗拉森而言（Van Fraassen, 1980, 1989），科学的成功可以被解释为成功的经验和充分的理论的进步。

科学实在论的批评者们还提出了两个问题。第一个是理论证据的不充分决定性（underdetermination of theory by evidence, UTE）。如范·弗拉森在另一个论据中所陈述的，UTE问题是这样的：

> 如果T和T'都是在经验上充分的理论，它们的结合不一定是需要的——甚至可能不是一致的。两个对立的理论，对不可观察的过程给出了不相容的描述，原则上可以各自在经验上是充分的。（Van Fraassen, 1980, p. 83）

根据UTE问题，会有另一种理论T'可以解释或说明现理论T所解释的现象E。那么我们如何在这两种理论之间进行选择呢？范·弗拉森使用了牛顿—莱布尼茨（Newton-Leibniz）关于

43　　空间性质的争论的历史案例（Van Fraassen, 1980, pp. 44–47），
但最能说明UTE问题的是庞加莱争论，即关于区分非欧几里得
几何空间和非标准力作用的欧几里得空间的不可能性（参见讨
论Sklar, 1992）。范·弗拉森声称，UTE问题暗中颠覆了科学实
在论，因为没有办法确信T抑或T'是真的（Van Fraassen, 1980,
p. 21）。如果实在论主义者诉诸实用（因而也是主观）的美德，
科学实在论会再次受到侵蚀。

　　利普顿（Lipton）提供了一个可能的解决方法，他援引了
最佳解释推论（Inference to the Best Explanation, IBE）：

> 　　如果我是一个科学家，我的理论解释了广泛和多
> 样的证据，并且没有其他的解释可以近乎如此可爱，
> 我就会觉得无法抗拒地推断我的理论是近似为真的。
> （Lipton, 1991, p. 184）

　　那么，IBE就是实在论论据，即最好的解释是最有可能为
真的（Lipton, 1996, p. 94）。然而，范·弗拉森声称，IBE的实
在论倡导者必须做出不合理的假设，即一个真实的理论很可能
在那些被考虑的理论之中，否则他们就不应该声称其中最好的
理论是真实的（Van Fraassen, 1989, p. 143）：这就是考虑不充分
的论证。对此，利普顿回应道，当科学家面对两个或更多的竞
争性理论时，他们可以对最佳的那个解释进行推论，而最佳解

释近似为真。他指出，他们通过对多个理论进行粗略但可靠的排序方式来做到这一点（Lipton, 1996），而排序是由科学家们根据不同理论的解释力以及与邻近的背景理论的关系来完成的（Lipton, 1996, p. 103）。然而，这就引出了一个问题，因为任何排序都是相对于真理的排序，范·弗拉森或许会坚持：我们就是无从得知真理（Van Fraassen, 1989）。然而，利普顿的论点只有通过挖掘背景理论的真理才会奏效，而范·弗拉森或许会否认这一点。即使我们接受利普顿对背景理论的真理的呼求，那些理论的真理所引起的逻辑关系仍然是不清楚的。

劳丹（Laudan, 1996, p. 67）采用了一种不同的方法，他提出要我们考虑一个理论 T 是一个演绎的结果。在这个理论中，一个假设 H1，经验上等同于一个假设 H2。T 所包含的另一个假说，称其为 H3，得到经验证据 E 的支持。根据劳丹的说法，这个证据 E 就为 H1 提供了经验支持，而不是 H2。然而，这似乎要求我们毫不怀疑地接受经验支持可以跨演绎关系转移的说法，而从劳丹提供的论证来看，尚不清楚情况是否总是如此。库卡拉（Kukla, 2001, pp. 27-29）已重申了这个反对劳丹的论点的另一版本；布俄诺（Bueno, 2000, p. 274）对劳丹的提议也暗含类似的批评，不过是在对嵌入使用语义方法进行更为深入的分析中。

我想集中讨论的实在论的第二个问题是劳丹提出的一个历史问题：悲观的元归纳（the Pessimistic Induction, PMI）

44

（Laudan, 1981）。根据劳丹的观点，科学史为我们提供了一长串解释现象的理论，这些理论被科学家用来解决问题并产生答案。例如，启蒙运动的主要思想家之一，约瑟夫·普里斯特里（Joseph Priestley）将蜡烛放在密封的玻璃瓶中熄灭的过程解释为一种他称为"燃素"（phlogiston）的物质过量所导致的（Hankins, 1985）。同样，维多利亚时代的科学家们通过提出以太理论来解释电磁波在真空中的传播（Turner, 1993）。然而，我们现在知道，这些理论都是错误的。接着劳丹要求我们做一个归纳推论：如果过去所有行之有效的理论实际上都是错误的，而且可以证明是错误的，那么我们现有的这些理论，也就是我们希望是真的这些理论，在未来是否会被证明为错误的就无从得知了。也就是说，鉴于科学的历史，我们没有归纳保证来假定我们现有的理论近似为真。正如劳丹所说：

> 对于科学史上每一个非常成功的，我们现在相信是真正的参照理论的理论，人们都可以找到六七个曾经如此成功但我们现在大体认为非参照的理论……我不知道有什么近似真理的意义（而对实在论来说则是有的），根据这种意义，这种非常成功的，但显然是错误的理论假设可以被视为"像真理一般"。（Laudan, 1981, pp. 32–33）

　　悲观的元归纳（Pessimistic Induction, PMI）对科学实在论和无奇迹论证（NMA）提出了一个严肃的反对。如果劳丹是正确的，我们怎么能够对我们现有的诸多理论（就真理的角度而言）有信心呢？一个可能的解决方案是：劳丹提及的那些理论作为科学理论并没有得到充分发展，它们不知何故不够稳健，而不被允许作为归纳的一部分（Warrall, 1989）。假设我们忽略了这种方法在本质上的辉格式谬误①（Golinski, 1998），并接受归纳法必须只包括根据我们的偏见而被认为是科学的那些理论，就仍然会有一些理论，比如以太那类理论（Kitcher, 1993; Psillos, 1999）是不能不予理会的。为了处理这些错误理论，沃瑞尔（Worrall, 1989）认为，在各种被抛弃的理论和现有的理论之间存在着数学结构上的连续性。他认为，这方面的成功归功于嵌入式存在于科学理论中的数学结构在认识论上的真实地位。

　　基彻采取了不同方法，他认为理论中的术语可以分为运行假设（working posits）和预设假设（presuppositional posits），前者指的是那些在解题图式中起作用的推定参照物，后者指那些"如果图式的实例为真则必须存在的实体"（Kitcher, 1993, p. 149）。基彻认为，当理论被替换时，被保留的自然是前者。希罗斯批评了基彻的主张，因为他认为基彻未能说明理论的经验成功如何能够只支持理论提出的部分而非全部的存在性主张（Psillos, 1999, p. 111）。不过，希罗斯继续提供理由来区分理论

①译注：辉格式谬误"whiggish fallacy"指用当下解释过去。

中用于做出经验上成功的预言的术语和作为假说的一部分的"闲置"术语，而前者独立于后者（Psillos, 1999, p. 113）。尚不清楚基彻和希罗斯对PMI的回应会有什么很大不同。在任何一种情况下，劳丹都可以回答说，这些试图逃避PMI的尝试都是失败的，因为闲置的术语和预设的假设并不能从它们所塑造的结构或运行假设中分离出来，而这些从一个被证伪的理论到一个较新的理论的任何存续都只是巧合，或者是我们关于一个理论何以为真的以现时为中心的概念的结果（Wilson & Ashplant, 1988）。希罗斯的回应（Psillos, 1999, pp. 115-145）——为说明科学家们相信有助于"理论的成功（从而得到证据上的支持）"（同上, p. 112）的术语是如何在理论变化中被保留下来的——提供了两个详细的案例研究：热量理论和动态的光学以太理论。虽然这些确实显示了结构上的连续性，但很难看出希罗斯如何能够合理地从具体的案例研究转入对其理论变革立场进行辩护的举措。

　　哈贝马斯的哲学立场与结构实在论者的立场大体一致。结构实在论者的科学认识论（Worrall, 1989; Ladyman, 1998）可以来提供阐释与科学实在论相关的关键问题的科学理论说明，并且可以帮助区分诸如创世论科学和进化论科学（Nelkin, 1982）。遵循雷迪曼（Ladyman, 1998）在"形而上的结构实在论"（Ladyman, 1998, p. 411）中应用的模型构建的语义观（Suppe, 1977），我们可以捍卫认识论的实在论，从而捍卫一般的理性与

46

合理性。结构实在论者认为，我们的知识和理性，仅仅是以现实的模型为前提，这些模型是以映射但不等同于本体的方式被抽象、简化和完善的（Cartwright, 1983）。在科学中，这些模型是通过数学关系和抽象概念来构建的。正是在这里实在论可以重拾信心，哪怕只是在认识论层面上。对社会科学而言，没有简单的数学模型可以采用，但对模型的关注可以使得类比成为可能：社会学中的模型不是由来自数学关系的结构建立起来的，而是语言、符号和意义的结构。这就是哈贝马斯的思想可以得到辩护之处：作为理解社会世界的诠释学的一种方式（Habermas, 1981: 1987）。如果科学的认识论可以通过结构实在论被当成一种理性的渐进知识积累，那么哈贝马斯的诠释学就可以成为社会学的渐进认识论的基础。我们可以看到一种方式，在其中仍然可以有对真理的诉求，有启蒙运动的知识世界观所支撑的社会进步，有学术界、批判研究和激进政治的逻辑依据。

　　哈贝马斯的途径是尽量避免本体论，而在确实需要处理本体论的地方，他则借助来自社会网络的话语与理解的建构和意义（Habermas, 1992）。很简单，他是在暗示认识论优于本体论（Winch, 1958; Bachelard, 1968; Wittgenstein, 1968）。重要的是使用的语言，以及这种语言如何被用来暗指意义。正是在此处，哈贝马斯描绘了理性被意义所塑造的方式，以及这种意义如何通过开放的话语或通过权力的使用（滥用）而被发觉。作为研究者，我们不仅可以对自己提出的真理主张充满信心，而且还可以通过对创造了那个社会世界（或者说模拟了那个社会世界）的意义的认识论作斗争来考察社会世界的诠释学。如果认识论创造了本体论，我们也就能够看到哈贝马斯的工作变得多么关键：因为如果意义的制造是通过滥用权力而被迫进行的，那么这个社会世界的现实——它的本体论地位——就是由这种滥用所塑造的，个人要想挑战这个社会世界就会变得很困难，甚至不可能。实质上，创造社会世界的理性产生了一个（几乎）不可通约的现实：挑战认识论的手腕变得（几乎）不可能了，我们又回到了一种库恩主义的范式哲学。所以对哈贝马斯来说，作为批判理论家、自由主义思想家，有一个问题至关重要。这个问题变成了理性是如何在任何给定的语境中和（或）由其附加在理性上的意义所塑造的呢？

哈贝马斯的交往理性与行动

交往理性概念必须用语言理解来加以分析。理解概念表明的是一种参与者之间达成的合理共识，它可以用批判检验的有效性要求加以衡量。有效性要求（包括命题的真实性、规范的正确性以及主观的真诚性）表明的是不同的知识范畴，知识是通过符号体现在表达中的。表达可以进一步地从两方面加以分析，一是如何对这些表达加以论证，再就是行动者如何通

过表达而与世界中的事物发生联系。交往理性概念一
方面涉及的是用话语兑现有效性要求的不同形式……
另一方面，则涉及交往行动者通过为他们的表达提出
有效性要求而与世界所建立起来的联系。（Habermas,
1981: 1984, p. 75）①

在哈贝马斯看来，霍克海默所描述的客观理性只在有观念
和辩论自由互动的地方才有可能（Habermas, 1981: 1984, 1981:
1987）。这种互动就是哈贝马斯所说的交往行动（同上），它是
交往理性畅通无阻运作的必要条件（Pedersen, 2008）。如果行
动者可以自由地以民主的、集体的方式行动，互相尊重，互相
检验对方的主张，那么就可以以一种经典理性的方式来理解这
个世界，启蒙运动方案也就得到了拯救。威廉·奥斯维特
（William Outhwaite）已经表明，哈贝马斯的交往行动方法是以
建立在言语分析基础上的语言解释学为前提的。正如奥斯维特
（Outhwaite, 2005, pp. 11–12）所解释的那样：

> 哈贝马斯的中心思想非常简单，就是每一个作出
> 陈述的语言的标准使用都涉及一定的前提条件：交谈

---

① 译注：本书中哈贝马斯著作 *The Theory of Communicative Action* 节选中译文参
考《交往行为理论第一卷：行为合理性与社会合理化》，曹卫东译，上海人民出
版社，2018年。

者所说的是真实的、真心实意的、规范恰当的。除了
开玩笑之外，作为自治和平等的讨论伙伴，谈论事物，
包括谈论我们自己，只有当我们是认真的，至少能够
设想达成一致的可能性，才有意义。我可以通过催眠，
或者通过欺骗，或者可能通过诉诸权威，让你相信我
所想的，但这不是在玩游戏：我们在这种情况下的讨
论只是一种假装的讨论。

48

我们可以看到，哈贝马斯的交往理性概念是雅典民主的理
想化模式，反映了潘恩等人对公共社会的要求，即基于自由公
平的思想交流产生基于该社会共同利益的行动（Honneth &
Joas, 1991）。正如布兰德所言，哈贝马斯的交往理性始于一个
以上的个体行动者和一套共同商定的关于话语、语言和意义的
规则（Brand, 1990）。一个行动者可以选择打破这些规则。例
如，我可以决定我相信这个世界——请普拉切特（Pratchett）
原谅——是一个扁平的圆盘，由四头大象背着绕宇宙转动，而
大象又站在一只巨大的海龟背上。我可以说你关于地球绕着太
阳转的论点以及你向我呈现的支持你主张的证据都是垃圾，因
为你没有考虑到世界的巨龟理论。但如果我希望你仅凭普拉切
特的碟形世界小说［特别是《魔法的颜色》（*The Colour of
Magic*, 1983）和《异光》（*The Light Fantastic*, 1986），其中非
正统意义上的主角灵思风（Rincewind）与上述乌龟有过近距离

接触] 就对我的巨龟论点作出判断，那我就有失公允了。普拉切特是个小说家，不是宇宙学家。他的书是娱乐性质的，它们没有认识论的价值。所以你完全有权拒绝我的论点，尤其是当我已经拒绝考虑你的证据时。

那么，公共领域的进步是通过相互同意这些规则，以及支持和建立交往理性的那些行动来起作用的。对哈贝马斯来说，阿多诺的理性概念太过主观：要么是个体工作的产物，要么是遵循马克思集体主体的产物（Habermas, 1981: 1987）。从某种意义上可以说，哈贝马斯试图保留一种马克思主义的社会描述，同时也保留对理性的信仰。交往理性是逐渐成形的，取决于行动者和行动，也取决于对语言诠释学的共识。此外，交往行动发生在哈贝马斯所称的生活世界中，它"由共享的假设和背景知识、共享的理由组成，在此基础上，行动者可以达成共识"（Finlayson, 2004, p. 52）。生活世界与柯亨的符号共同体（Cohen, 1985），或者布尔迪厄的习癖—场域联结（Bourdieu, 1979: 1986, 1991）享有诸多相似之处。这三者都是围绕着共享原则、话语、意义的协商以及社会的对象化而展开的。但生活世界与其他这些想象中的归属建构有一个区别：生活世界是我们社会世界的整体，而不仅仅是我们本体环境的小集合。哈贝马斯的概念源头要归诸卡尔·波普尔，后者试图在物理对象、精神状态和文化产品的多个世界之间做出区分（Thompson & Held, 1982）。生活世界是文化产品的世界，是前两个世界的象

49

征性建构。理想地讲，生活世界是由交往理性建构出来的，这就使进步、公平和伦理原则成为这个世界的一部分。所以，哈贝马斯在分析话语伦理和道德时评价道：生活世界是理性和话语塑造关于平等的行为规范的地方，例如，这可以从种族歧视在许多自由民主国家被逐渐挑战和定罪的方式中看出（Habermas, 1983: 1990, 1991: 1993）。

那么，关于交往行动和交往理性的理论就有一种朴素的诱惑力。后者是一种客观的、不受约束的推理理想，借鉴了结构实在论有关意义和语言的观念，而结构实在论的意义和语言观念又继承了更为遥远的康德和柏拉图的理性观念。前者是后者在话语中的表现方式：不受制约，规则和结果是民主的、公正的与一致同意的。在一个理想世界里，生活世界将完全仅由此类事物建立起来，而所有在其中的事物都会确保其进步和真理性。

工具理性

（韦伯）把在世俗文化中产生于欧洲并导致了宗教世界观瓦解的祛魅过程描述为"理性的"。随着现代实证科学、自治的技艺和以规范为基础的道德理论和法律理论的出现，不同文化价值领域的形成，使得我们符合理论问题、审美问题或道德实践问题的各自内在逻辑的学习过程成为可能。韦伯所描述的，并不仅仅是西方文化的世俗化，更主要的是新的现代社会从理性化角度的发展。新的社会结构的首要特征在于，围绕着资本主义企业和官僚国家机器这样的组织核心而形成的功能上互相交织的两大系统的分化。韦伯把这个分化过程理解为目的合理的经济行动和行政行动的制度化。（Habermas, 1985: 1990, pp.1-2）

50

针对交往行动和理性的生活世界，哈贝马斯在《交往行动理论》中提出了他所谓的系统：一个完全由工具性对现代性的运作而创造的符号构建。工具性是目的性的理性和行动，是由行动者和建制的目标追求行为强加给我们的所要做的事情和看待世界的方式，这些行动者和建制希望限制我们的选择和我们阻挠他们追求目标的能力。正如芬莱森（Finlayson, 2004）所言，这种工具性本身就建立了一种工具理性。霍克海默指出，为了其他一些事业的更大利益，交往理性和行动的自由在主观理性中被限制。在这里，哈贝马斯需归功于韦伯和阿多诺，两者都已经确定了现代性是日益合理化、工业化和资本化的产物的方式；同时还有葛兰西的功劳，他的研究工作独立于阿多诺，也已经阐明了权力被用来建立对人们选择的自由的霸权强制的方式。阿多诺在《启蒙辩证法》中与霍克海默一起论证了启蒙运动之所以从一种自由之路变成奴役之路，正是因为它培育了工具理性和合理性。葛兰西（Gramsci, 1971）曾证明，工具性与资本主义精英对包括文化在内的一切生活形式的日益集中的权力和霸权是相伴而生的。正如哈贝马斯借鉴了韦伯早期的著作，在《现代性的哲学话语》上述摘录中所描述的那样，工具性来自现代性的两个来源：来自资本主义的权力及其对经济目标的全方位追求；来自现代民族国家的崛起及其对个人自由的干涉和限制。

资本主义和现代民族国家都创造了诸多系统来限制我们自由和选择的能力，限制我们做出交往的合理决定和行动能力。资本主义已然成为自由民主所接受的好事物，而自由市场的理论是自由主义的典范。然而，经济权力的使用方式显然与交往理性的原则背道而驰。支持大型超市集团公司侵占小的自营商店是工具理性。集团公司（可能）会给顾客带来更便宜的商品和便利；同时，利润至上的原则可以使其股东满意。然而，关闭当地的独立商店对它们所服务的当地社区并没有好处：它减少了选择、社会资本和民主话语权。为了给拥有超市的银行家们再榨取半便士的红利而撕开村庄和小城镇的心脏，这在交往性上是非理性的。但是，为了短期利益而追求这些利润幅度，显然是工具理性的，没有理由去考虑环境、可持续发展以及生产商和消费者的福祉等长期概念。至于民族国家，为了确保一个国家的国际地位，从国家预算中挪用资金支付高绩效的体育科学成本以期增加奥运会金牌数量的方法，可能是一种完全工具理性的迫切要求。这种民族主义和沙文主义的结合是一个受工具性的眼前利益束缚的民族国家会做的事情。但这可能并不是最理性的资金再分配方式：可以说，可能会发现对体育采取一种更具交往性的方式，将数百万英镑用于全国每所学校的体育日会更好。或者说，如果能够超越这种"小气"的民族主义，也许有望将投入到高绩效体育的资源更为合理地使用以转移到解决贫困和环境破坏问题上。

哈贝马斯正是在这里接受了批判理论关于现代性的有害性及其对自由与理性的恶性影响的主张。在生活世界中，可以发展出一个公共领域，知识、进步、共识和文明在这个领域中被珍视。然而，随着工具性系统的增长，生活世界受到威胁。哈贝马斯运用了殖民化的比喻：生活世界被资本主义的系统以及官僚化的系统所侵入（Habermas, 1981: 1987）。有时在没有意识到的情况下，个体行动者适时开始做出看似交往性的行动，却产生了工具性的后果。正如芬莱森所言，"曼联足球俱乐部的支持者的行动是为曼联集团（Manchester United PLC）赚取足够的钱以支付股息给股东这一目的而服务的"（Finlayson, 2004, p. 54）。随着系统的增长，生活世界变成了救生艇，成为已经逃离工具性洪水的行动者的避难所：但这种避难所只是暂时的，随着工具性的浪潮越来越高，救生艇——生活世界沉没的可能越来越近。与现代性和资本主义相联系的工具理性，显然也与全球化相联系，而全球化本身就是高度或晚期资本主义的产物。52

第三章　哈贝马斯、全球化与后现代

　　为了使一群分散的、野蛮而好战的居民能因舒适而安于平静的生活，他（罗马将军克奈乌斯·尤利乌斯·阿古利可拉，Gnaeus Julius Agricola）对于修建庙宇、公共场所和住宅都予以私人的鼓励和公共的协助。他赞扬勤勉的人，斥责懒惰的人，居民不再被胁迫，而是竞相去赢得他的称赞。此外，他要求首领们的儿子们都接受博雅教育，并嘉许不列颠的本土人才……结果，这个曾经拒绝拉丁语的民族开始向往辞令；并且，穿我们（罗马）的衣服成为特点，拖袈长袍（toga）大为流行，不列颠人渐渐坠入那些诱人的堕落之物中：花厅、浴池和风雅的宴会。所有这些正是他们被奴役的一种方式，而淳朴的当地人将这种奴隶制度的因素称为"文化"。（Tacitus, Agricola, 21, 1-2,

Henderson, trans., 1914: 1970, p.67）[1]

爱德华·吉本在其不朽之作《罗马帝国衰亡史》中，勾勒出罗马帝国在公元1—2世纪取得成功的原因，以此来更好地展示这个帝国权力衰落的方式（Gibbon, 1776—1788: 2005）。吉本认为，罗马帝国积聚权力的关键途径之一，是（古）罗马精神（Romanitas）的传播：罗马文化规范和价值观的精髓，即它的文明。在地中海世界的每一个角落，人们都接受了罗马的服装、娱乐、文学、食物和政治制度，无论他们是被罗马士兵所征服的，还是仅仅生活在罗马影响范围所及的那些世界。当然，罗马也从被共和国和帝国征服的那些地方窃取了许多文化遗产。希腊世界对罗马人的影响特别强烈，在罗马霸权的那几个世纪里，希腊式（Greekness）的风格一直得以保留，以至于罗马帝国唯一幸存下来的部分就是东方的拜占庭希腊语帝国（它一直存续到1453年被奥斯曼帝国所毁灭）。但拜占庭显示了（古）罗马精神的力量：即使在地中海西部的帝国灭亡数百年后，拜占庭的皇帝们仍然保持着罗马的政治结构，并梦想着重新征服西方（Gregory, 2005）。在当代罗马作家所熟知的世界里，（古）罗马精神是一种超越了文化和归属的固定观念的事物，是在帝国边界内和周围的卫星王国中施加文明和秩序的事物（Potter,

53

---

[1] 译注：该处中译文参考塔西陀著《阿古利可拉传 日耳曼尼亚志》，马雍、傅正元译，商务印书馆，1959年。

2004）。虽然有规则来限制罗马公民的政治权利，但在公元1—2世纪罗马帝国内的居民可以通过接受和参与罗马文化而成为罗马人。到了3世纪，帝国所有的自由居民都是罗马公民，罗马帝国已经出现了出生在叙利亚、非洲和阿拉伯的不同皇帝。将罗马世界统一起来的是（古）罗马精神。在这之外，只有一个混乱的野蛮人世界，但在他们的生活之中也或多或少地接受了罗马世界的各个方面（Heather, 1998）。成为罗马人就是成为全球文明的一部分，共享对西塞罗的理解、崇拜主神朱庇特和战神玛尔斯、用拉丁语听说读写、在竞技场（Stadia）观看比赛，这些竞技场在欧洲、北非、叙利亚和土耳其都留下了许多至今仍屹立不倒的遗迹。巧合的是，罗马建筑的单拱门是罗马强权和霸权以及全球化的象征，就像双拱门（译注：麦当劳）是美国对全球文化殖民的象征一样。正是因为罗马历史上的这种全球化趋势，才有这么多罗马的物证留存下来供今天的我们思考。罗马化传播了罗马文学以及读写能力，所以当帝国在西方崩塌的时候，有足够的知识和学识的文化来保证诸如塔西佗作品这类重要原始资料的传播。

在《阿古利可拉传》（Agricola）中，塔西佗写下了他的岳父（译注：阿古利可拉）在不列颠的功绩，并表示不列颠人在阿古利可拉的统治下已经罗马化。历史学家认为，不列颠的罗马化是不完全的；相反，在公元前43年克劳狄一世（Claudius）入侵之前，不列颠岛的东南部已经罗马化了（Salway, 2001）。

但无论罗马化的程度如何，塔西佗描述了将不列颠人从野蛮人　54
转化为罗马人的一种积极尝试，这在某种程度上预示了今天关
于全球化的争论。塔西佗说，不列颠人在成为罗马人的过程中，
也在接受罗马的霸权与他们自己政治和文化的奴役。

　　在本章中，我将探讨哈贝马斯的哲学和社会学方案，来寻
求理解和解释全球化和后现代影响的方式。有人称这两种宏观
的社会转变现在都还在发生，并且正在导致现代性的终结，或
至少是对传统、结构和确定性观念的彻底破坏。这种主张又使
休闲、体育、文化和旅游的研究者们提出了关于全球化和后现
代对其各自学科领域的影响的主张。因此，在我转向哈贝马斯
之前，有必要先概述全球化和后现代，以及它们与休闲研究中
的争论之间的关系。

全球化

　　自从腓尼基人和希腊人时代的第一批商人航行到地中海以
来，全球化作为一个进程一直发生着。但很明显，在过去的
150年里，文化、权力、财富和观念的传播和扩散呈指数级增
长。全球化是一个超越于前现代和现代世界相关的传统规范、
价值和意识形态［诸如现代民族国家这种意识形态（Held et
al., 1999）］或文化和传统的本真（永恒）观念的过程。与之相
对的，布拉等人则认为，全球化通过跨国进程的力量迫使人们

采用普遍的规范、价值和意识形态（Brah et al., 1996）。全球化可以与商品化和消费主义的社会经济趋势紧密联系在一起（Bryman, 2004）：这种联系使全球化在某种程度上成为后现代及其流动的、混杂的世界的原因和结果（Bauman, 2000）。全球化也与有时被称为美国化的东西相关；或与瑞泽所说的麦当劳化（McDonaldization）相关：文化的，并最终是社会的（Ritzer, 2004）。正如霍尔（Hall, 1993）和霍尔顿（Holton, 2008）所言，美国不仅是政治上的超级大国，同样也是经济和文化上的超级大国，麦当劳的全球品牌成为商品化、西方化的便利文化的典范（Appadurai, 1996; 2001），这种文化以比喻意义，而非字面意义消费全世界。此外，全球资本主义和西方文化帝国主义与世界其他地方的可口可乐化（coca-colanization）齐头并进：从印度和中国到俄罗斯和阿根廷，每个人都想选择全球品牌、西方乐队和美国汉堡。

　　有关全球化的概念被引用最多的可能来自罗兰·罗伯森（Roland Robertson）。"（全球化是）对世界的压缩和将世界作为一个整体的意识的强化。"（1992, p. 8）因此，随着通信技术和旅行手段的发展，体育及其历史和传统的超越文化界限的潜力日益增加，问题也越来越少。全球化的一个核心特征是社会关系从其当地构成中"脱离嵌入"（disembedded）（Nayak, 2003），从而使得在特定时空内更为难以对身份认同进行概念化。

我们暂停片刻，去探究某一天的新闻，都能轻易发现全球化的证据。我是在2008年7月29日写下这些文字的。在《卫报》（The Guardian）的头版上，有两则新闻。其中一则是关于一对来自威尔士的新婚夫妇在安提瓜（Antigua）度假时被枪杀的新闻（Taylor & Lewis, 2008, pp.1-2）。这是一场悲剧：照片上这对新婚夫妇正笑着站在教堂外，标题是"照片拍摄后的第15天，新娘被枪杀，而新郎则正在与死神作斗争"。报道说，这对夫妇去安提瓜岛度蜜月，住在一个"豪华度假村"里。增长的财富、更廉价的航班以及旅游业的商业化带来了长途度假的繁荣。据该报报道，每年仅赴安提瓜的"一价全包度假村"的"英国游客约有96000人"（同上，p.2）。然而，加勒比并不是安全之地：安提瓜警方报告说2007年当地有19起谋杀案，截至本报出版之日（2008年）已有10起（同上，p. 2）。在本案中，发展中世界的贫困和在全包式豪华度假村中旅游业商品化之间的紧张关系显而易见。报道称，这对夫妇度蜜月的度假村有"边界围栏、安全照明、闭路电视监控和动态感应器，还有三个非武装保安……巡逻"（同上，p. 1）。在可能是当地犯罪分子实施的武装抢劫中，所有这些对消费主义和西方财富的保护都未能使该新娘免于被枪杀。

该报头版有四条报道预告：国际版的报道如期所反映的是视野的扩大和距离的缩小。而国内版的新闻预告，实则也同样是关于缩小的世界和旅游商品化主题的新闻：低成本航空公司

56　瑞安航空（Ryanair）发布亏损警告，这是因为全球航空业出现了"9·11以来最严重的危机"（《瑞安航空警告20年来首次亏损》）。这个全球危机可以被看作是反对全球化和旅游国际化趋势的证明，但它更有可能与金融版的第三个预告有关——"信贷紧缩未来一年更加严重：国际货币基金组织（International Monetary Fund, IMF）"——这里悲观地报道了复杂的全球金融危机。据报道，国际货币基金组织最新的金融稳定报告称："世界市场仍处于美国住房次贷危机的压力之下，各国央行因通胀压力上升而在制定货币政策时面临困难。"换言之，世界经济已经变得如此相互关联和敏感于变化，以至于向美国穷人兜售置业梦而积累的坏账让全球经济都陷入了自由落体，银行家和政客们也无力阻拦。只有第一页下沿的体育版预告没有全球化的内容：体育版头条报道了纽卡斯尔联队足球运动员乔伊·巴顿（Joey Barton）出狱的消息。但是，转到《卫报》体育版的头版，除了巴顿的报道外，还有三则关于全球体育的报道：一则是关于中国为北京奥运会做准备的报道，一则是关于为北京奥运会做准备的英国奥运队的问题，一则是对英格兰和南非之间板球锦标赛的造势。

后现代

　　如前所述，后现代主义是哲学、文学或文化研究的一种认识论转向。但后现代主义也与（西方）社会的一种社会变化相关联：从工业社会到后工业社会（或从福特主义到后福特主义，Bramham, 2006），或被描述为从现代性到后现代的转变（Bauman, 2000; Giddens, 1990）。现代性是社会学家们（Hall & du Gay, 1996）、历史学家们（Hobsbawm, 1988, 2008）和批判理论家们（Adorno，1991）所承认的社会的、文化的或政治的一个阶段、一个时代或一个历史时期。这是一个西方进步的、科学主义和资本主义的支配范式成为学术和政治话语的特征的年代（Broks, 2006）。现代性成了早期社会学叙述的一个专题，如功能主义和马克思主义。现代性逐渐和特定时间（20世纪）的特定地点（西方）以及特定价值观联系在一起：人文主义、世俗主义、个人主义、自由主义。当时的现代性社会学家和现在的一样，关注的是对现代社会的不平等、阶级的不平等以及性别、种族的制约的批判性讨论。

57

然而，自20世纪上半叶以来，有人认为，现代性已经被另一种东西蒙上了阴影：与后现代转向相关联的、可称之为后现代的东西。20世纪下半叶与社会、经济和文化变化相关的历史变化包括：市场的重组和放松管制、经济全球化、西方生产的衰落和服务业的兴起、大规模的移民和国际旅行的增长、社会结构的逐渐解体（Bauman, 2000），以及新技术的迅速扩张，以致卡斯特尔（Castells, 1996）将当前时代称为信息时代。

新部落（后部落、附属部落、伪部落）已经成为青年研究中社会学争论的主题（例如参见 Maffesoli, 1996），用短暂的、全球化的、碎片化的、"挑选和混合"的身份认同取代了传统的（"现代的"）工人阶级对地方或社区的忠诚，例如黑色金属音乐爱好者与全球的（虚拟的）联系、着装准则、音乐偏好、张扬反叛（见第六章）。休闲和体育被视为产生新部落的关键场所（Hughson, 1997: *Tribes and Football Cultures in Australia*，《澳大利亚的部落与足球文化》）。本内特认为，后现代的转变导致了由工作定义的身份认同出现偏离而转向通过游戏、休闲和选择定义的身份认同（Bennett, 2001, 2006）。对本内特和其他人来说，大众文化（体育、音乐）作为产生新身份认同的场所的重要性只是传统（现代）社会结构崩塌的一个征兆。关于新部落研究的迅速增长和身份认同形成的后现代解释（如关于混杂性的辩论）相互对应地吻合（Brah, 1996; Jacobson, 1997; Solomos, 1998）：在一个大流散的全球化、异质的世界中，意义和身份认同的反霸权的产生。

　　所有这些的共同点是选择的具象化——个人拥有自由（能动性）来选择自己的新部落、归属感、混杂身份认同。这正是罗杰克（Rojek, 1995）后现代休闲转向的思路，以及布拉汉姆（Bramham, 2006）、罗伯茨（Roberts, 2001）和罗杰克（Rojek, 2005b）更为细致的讨论内容：后现代的兴起，无论是普遍性的还是支付得起的人所特有的，都使我们的休闲生活有了更多的选择和自由。因此，对于那些被后现代魔杖碰触到的人来说，他们有机会在健身俱乐部这个净化了的世界里重塑自己的身体；或者选择冲浪、帆板运动或海上航行；或者沿着印加古道度假，最后住在有无线网络的酒店里；或者自信地重新选择诸如足球这类运动，以展示离散的、混杂的身份认同（Ratna, 2008）。 58

全球休闲：以全球体育为例

当新闻集团（News Corporation）首次以数百万英镑的资金换取橄榄球联赛在"欧洲"（英格兰）和澳大利亚的独家经营权时，橄榄球联赛比赛在忠诚者（传统主义者）和那些拿走钞票或购买全球愿景的人（扩张主义者）之间产生了分裂（Colman, 1996; Kelner, 1996）。在英格兰北部，一些橄榄球联盟的球迷选择捍卫橄榄球运动，反对任何变化或扩张（Kelner, 1996; Spracklen, 1996）。但最终，在英格兰和澳大利亚，橄榄球运动的俱乐部、赞助商和管理者们都接受并欢迎默多克的全球媒体帝国的介入（Denham, 2004; Collins, 2006）。通过新闻集团对"欧洲"（英国）超级联赛和（澳大利亚）国家橄榄球联盟电视报道的增长，橄榄球运动扩展到全世界的新地区和新领域（Spracklen, 2005; Spracklen & Fletcher, 2008）。

斯普拉克伦和费雷彻研究了基于英式橄榄球联赛的报道，还有一个橄榄球联盟发展在线论坛的扩张主义者们对比赛传统和神话的承诺（Spracklen & Fletcher, 2008）。在2005年至2008

年英格兰的夏季，当澳大利亚国家橄榄球联盟（NRL）的冬季赛季在安提波德（Antipodean）进行时，《联盟快报》（*League Express*）周刊的平均报道分类为83.3%的超级联赛和其他英式橄榄球〔包括2006年法国超级联赛、"加泰罗尼亚十三人队"（XIII Catalans）的比赛报道〕，15.3%的澳大利亚国家橄榄球联盟与1.4%的法国和世界其他地区的新闻和分析。其竞争对手《新联盟周刊》（*New League Weekly*）2007年和2008年的较小样本的报道所细分的关注点更加狭窄：90.8%的超级联赛和英式橄榄球，定期多版报道国家联赛（半职业，主要是英格兰北部的俱乐部）和北部地区业余橄榄球联盟俱乐部的新闻，8.3%的澳大利亚国家橄榄球联盟，0.9%的法国和世界其他地区的新闻。在两份周报中，《联盟快报》显然在观点和意愿上更具有扩张性，报导世界各地的新发展，但这种对全球化的摇旗呐喊的支持，却因其编辑部对职业超级联赛和国家一、二级联赛以及澳大利亚国家橄榄球联盟的新闻和比赛报道的强调而受挫。英国、澳大利亚和新西兰这"三巨头"之间的国际比赛保证是有赛前新闻、详细的中央双版比赛报道以及数版的赛后分析的。但来自巴罗（Barrow）、巴特雷（Batley）和利（Leigh）的报道中是很难找到新近加入橄榄球联盟的国家之间的比赛的。

在月刊杂志《橄榄球联盟世界》（*Rugby League World*）中可以更为清楚地看到橄榄球联盟想象的共同体对全球化的承诺的证据。该杂志由拥有《联盟快报》的同一家公司持有并发行。

59

在2005—2008年同期，《橄榄球联盟世界》持续印制了世界各地橄榄球联盟的分析和专题。在确定的样本中，13.3%的评论版面是关于英国和澳大利亚以外的橄榄球联赛的，包括来自法国的两版定期综述（必须声明，这是我父亲写的）和通常扩至两版的"世界橄榄球新闻"简讯（后改名为《全球赛果》，*Worldwide Results*）。虽然该杂志的评论风格已经明显变得大众化起来，略微转向增加超级联赛的内容，但支持全球橄榄球联赛发展的愿望还是很清楚的：以2008年5月刊为例，有4版的法国橄榄球联赛；来自塞尔维亚、巴布亚新几内亚和斐济的新闻；以及黎巴嫩和库克群岛的比赛结果数据。

在许多扩张主义地区，被电视报道所吸引的学生参与是发展的催化剂（Collins, 2006）。正是通过参与橄榄球运动的扩张，国际橄榄球联盟在线论坛的所有受访者都成为了橄榄球联盟全球化的信奉者：他们都看到了电视曝光和商业赞助的好处，都欢迎橄榄球运动的职业化（Spracklen & Fletcher, 2008）。然而，尽管他们对扩张和全球化充满热情，但他们对放弃橄榄球联赛的工人阶级历史保持缄默。大多数受访者都与布里斯班、悉尼或英格兰北部的橄榄球运动的工人阶级中心地带有一定关系：他们要么自己出生在那些地方，要么有家人在那里，要么在那里生活过一段时间。因此，在扩张事业中他们看到的是作为一项工人阶级男性运动来传播的橄榄球联盟：即使他们不承认自己是工人阶级，或者解释说，在那些发展中国家，橄榄球联盟是中产阶级学生玩的。

　　显然，橄榄球联盟正在全球化，在这个过程中，它展示了全球化的所有资本、人口、技术、社会和文化的流动（Appadurai, 1996; Holton, 2008）；以及霍尔（Hall, 1993）、吉登斯（Giddens, 1990）和鲍曼（Bauman, 2000）确定的支配性的西方化的流动（商品化、专业化、通过澳大利亚的美国化）。在我工作的大学所在的城市，"利兹犀牛队"（Leeds Rhinos）是这种全球化橄榄球联赛现象的一部分，海丁利（Headingley）体育场是职业体育显著商品化和消费的前哨（Horne，2006）。在电视上观看 2008 年"犀牛队"和"墨尔本风暴队"（Melbourne Storm）的世界俱乐部挑战赛时，如果将解说员静音，人们可能会误以为这场比赛是任一其他全球团队体育的场面：赞助商突出的商标、体育场耀眼灯光下的庞大人群、超级男性特质的职业运动员的多元文化性质、球衣的设计和电视演播室的技巧，所有这些都是全球体育美国化的一部分（Denham, 2004）。不过，把解说的音量调大，尽管有美国化的讲话风格，但粗糙的语调和扁平化的元音会让听众想起橄榄球联赛和想象的以及被想象的英格兰北部工人阶级世界的关联。

　　那么，矛盾来了。橄榄球联赛及相近的联盟一样，是一种商品化的产品，它的精英比赛是全球被动消费日程表的一部分（Horne, 2006），它的国际形象推动了向新市场的参与性和商业性的扩张。在这一扩张和发展过程中，商品化体育的后现代本质变得非常明显（Maguire, 2005），因为新闻集团和其他跨国赞助商创建了超国家联赛，还因为橄榄球联盟俱乐部发生了变化，失去了他们的地方性身份认同，并如精英足球俱乐部一样变成了生意（Fawbert, 2005）。正如登汉姆（Denham, 2004）所言，橄榄球联赛对美国化和商品化的拥抱，本身就是一种后现代主义的转向，这证明了与后现代主义相关的身份认同的消解和结构的流动性（Bauman, 2000）。"利兹犀牛队"和世界俱乐部挑战赛的存在，是一些后现代转向的证据，从高度现代性中转离（Giddens, 1990），从汉斯雷（Hunslet）的理查德·霍加特（Hoggart, 1957）典型的、传统的、固定的工人阶级社区和身份认同中转离。利兹本身就是工人阶级经济走向后现代和传统的工业基地衰落的一个缩影。橄榄球联盟的全球化因此表明了在现代性终末处对工具资本主义理性的某种接受（Habermas, 1985: 1990），并且可能是后现代的开始（Harvey, 1989; McGuigan, 2006a）。

后现代休闲？

在罗杰克整个职业生涯中，他认为休闲理论一直被历史的和历史化的社会学所主导；在能动性和结构之间的争论中存在着虚假的二分法，公共和私人部门之间的意识形态冲突受到过度强调（Rojek, 1993, 1995, 2005a, 2005b）。如前文所述，在他

61

最近的工作中，罗杰克（Rojek, 2005b）仍然对那些将社会结构当作（后）现代休闲生活的关键制约因素而存续的研究者和理论家持批评态度。在20世纪90年代，罗杰克论述道，休闲研究作为一门学科已经被20世纪70年代的政策主导性著作和20世纪80年代的批判转向弄得匮乏，不再（完全）有用了（Rojek, 1995）。他提出，休闲研究需要转向审视后现代，并将后现代主义的认识论和方法论的经验教训应用于体育和休闲：休闲既不是自由时间，也不是自由，休闲由历史塑形（Rojek, 1993）。罗杰克指出了休闲中的四种趋势，它们是后现代转向的前兆：（1）个人化：休闲已经变得个人化、匿名化、私人化（例如，在家里就着几罐啤酒在电视前看足球）；（2）私人化：休闲的所有权和休闲活动的提供（在英国）已经成为撒切尔主义和"新右派"资本主义意识形态的牺牲品，限制了选择，增加了排斥性（在数字电视上看足球）；（3）商业化：休闲已经成为一种商品，像其他商品一样被买卖，商业、时尚、营销和广告的压力划定并限制了选择的自由（看足球时穿上印有球队赞助商标志的昂贵的最新款球衣）；（4）平和化：休闲不再是抵抗或挑战霸权价值的潜在场所，而是变成了消费的被净化的和安全的区域（埃里克·邓宁等成形论者称之为文明化，比如在家里而不是在群情沸腾的阶梯看台上看足球）。

贝琳达·惠顿主编的有关生活方式体育研究的论文集指出了休闲的后现代转向（Wheaton, 2004a）。比奥和威尔逊通过对滑板运动的探讨，研究了街头文化和街头活动的发展（Beal & Wilson, 2004）。布斯（Booth, 2004）对冲浪、罗宾逊（Robinson, 2004）对攀岩、惠顿（Wheaton, 2004）对帆板运动分别进行了讨论：这些"酷玩"活动具有运动、休闲和娱乐的特点。这些生活式运动的增长似乎是以传统运动参与度的下降为代价的（Roberts, 2004）。这些运动的增长似乎也是与大众媒体（Rowe, 2004）、互联网和视频游戏（McGuigan, 2006b）的增长有关：所有这些东西都促使人们认为，个人可以通过参与特定的休闲活动做出生活方式的选择，以表明他们是谁。所以个人可以自由地成为一个滑板手或自由奔跑者，这取决于他们希望别人怎么看待他们，或者他们可以选择整晚在《魔兽世界》里积累金币杀怪物。重要的是选择的多元性，选择的自由，以及它所赋予的身份认同。这个观念又回到了亚文化——无论是像赫迪格（Hebdige, 1979）有关音乐和文化抵抗的概念，还是本内特（Bennett, 2006）研究的对目标没有什么忠诚度的新部落。新的全球文化和混杂文化开始随着后现代的转向而浮现，包括多那·哈拉维（Haraway, 1991）所描述的电子人（cyborg）的出现：人机技术混杂的身份认同。

后现代休闲似乎反映了来自后现代主义的流动性理念（Bauman, 2000），或者说边界的模糊化。罗杰克描述了休闲在工作场所的流行——无论是非正式的网络冲浪，还是公司健身房的正式支持和使用（Rojek, 2005b）。有休闲空间的全球化，即网上的兴趣社团，如脸谱网（Facebook）；有观看行为，即霍恩（Horne, 2006）所谓的被动消费，通过电视而不是在运动场。布拉汉姆（Bramham, 2006）和布朗（Brown, 2008）认为，后现代休闲是创造超现实或被超现实创造的东西（Baudrillard, 1988），是导致本真性丧失的东西。他们从休闲产业的增长（付费电视、主题公园、套餐假期、企业赞助音乐节等）和公共供给的下降中看到了后现代转向，休闲本身已经变得个人化、商品化和私人化。例如，（文化）遗产变成了对过去的复杂性的净化（再）创造（Ray et al., 2006）。休闲变得与消费、满足无法区分。在后现代世界里，休闲是非道德的，它没有任何道德功能——没有好的或坏的休闲选择，只要你有钱支付你的瞬时所爱。没有社会结构或制约来限制你的选择。休闲是匿名的，没有罪恶感：它是一种生活方式，一种（重新）创造我们自己现实的方式，一种超现实。在这种超现实中，德性、工作和自由时间之间没有本质上的差异。在这个休闲的后现代世界里，任何在此之前的东西都无法帮助我们去理解它：世界已经发生了变化，似乎已经与现代性世界大相径庭（Kuhn, 1962）。

罗伯茨（Roberts, 2004）、布拉汉姆（Bramham, 2006）、亨德森（Henderson, 2006）和罗杰克（Rojek, 2005a, 2005b）都认识到了西方的（后）现代社会和经济变化。一些人似乎确实有了更多的空闲时间；人们受雇于新的工作，往往没有了过去的那种保障，女性更多地参与工作也创造了新的家庭模式；大规

63

模的移民和家庭传统价值的消失（Rapaport & Rapaport, 1975）导致了家庭结构的多样化。因此，在体育、休闲和娱乐体验方面有了更多的选择和多元化、更多的流动性和旅行、更多的度假机会，人们对传统休闲活动的忠诚度降低，更愿意尝试新事物（Rojek, 2005b）。我们是在走向一个休闲的社会，还是说这种趋势和转向只适合那些支付得起的人呢？这正是后现代主义者和那些休闲的自由主义的、激进的批判理论家们的关键分歧之处。关于向后现代社会的转向是否具有普遍性，目前仍有争议。后现代文化似乎是伦敦或悉尼街头可以得到的一些东西，但是对世界上大多数人来说，有一个大杂烩式的休闲享受的想法是令人震惊的。即使是在西方的全球性城市（Sassen, 2002），那些有着自己生活方式的人和那些由于贫困、阶级、性别和宗教等原因处于边缘的人之间仍然存在差异。如果休闲生活方式正在发生变化，显然某些事情正在发生，哈贝马斯能帮助我们解释它吗？我相信将哈贝马斯的中心思想应用于全球化和现代性，可以帮助我们理解休闲、后现代和全球化之间的关系。

哈贝马斯与全球化

在《交往行动理论》中，哈贝马斯描述了生活世界和公共领域的民主空间如何面临被资本主义和官僚系统所吞没的危险（Habermas, 1981: 1984, 1981: 1987）。在两种系统中，资本主义因为与民主的内在对立以及它的暗中滋生和全球化特点，成为哈贝马斯关注的一个重点（同上）。在将全球资本主义的增长对立于民主和生活世界的交往理性中，哈贝马斯表达了他的批判理论根基，在这个问题上他与阿多诺、葛兰西乃至马克思保持一致。随着自由市场的发展和对地方性经济的消耗，越来越多的权力（经济、文化、政治）落入少数跨国公司手中。此外，全球化的经济使得政治家的权力与银行家的权力出现竞争，在整个20世纪，哈贝马斯都能清楚地指出资本主义系统在消除地方性的、民主的自由和行动中的作用。正如阿多诺在资本主义中看到了大众的遵从和创造的平庸及乏味（Adorno, 1991），哈贝马斯也警告了与公共领域商业化相伴随的工具性的道德冷漠（Habermas, 1983: 1990）。

在其后期研究中，哈贝马斯重回全球化问题，探讨它对现代社会的影响，以及它与民族主义和欧盟等政治问题的关系。在《包容他者》①一书中，哈贝马斯讨论了民族国家的概念最早是如何出现的（Habermas, 1998）。他认为，民族国家是解决18世纪后期和19世纪的工业化、城镇化和异化等社会问题的一个政治方案。这些社会问题摧毁了前现代和早期现代社会的规范和价值，西方的传统精英竭力维持他们对土地和工人的霸权控制。劳动者不再相信他的人生位置是由上帝和比他高贵的人所

---

① 译注：本书中哈贝马斯著作 *The Inclusion of the Other* 节选中译文参考《包容他者》，曹卫东译，上海人民出版社，2018年。

预先确定的。解决方案就是把劳动者以及现代新社会中的所有其他人都捆绑在一个抽象的霸权上。关于血缘和土壤的神话、关于超越阶级和政治的共同纽带的神话，是现代民族国家观念崛起的素材（Easthope，1999）。民族国家当然是由创造的传统、想象的共同体以及其他符号的混合体创造出来的（Anderson, 1983; Hobsbawm and Ranger, 1983）。在民族被想象的同时，这些共同体的政治权力也在发生变化。与资本主义捆绑并拥护不同形式的自由主义的新精英们要求更大程度的民主控制。因此，民族国家是一种妥协，它允许增加交往行动，但它受到民族主义神话的限制。正如哈贝马斯所述，这种妥协是"普遍主义和特殊主义之间的紧张，即平等主义的法律共同体与历史命运共同体之间的紧张"（Habermas, 1998, p. 115）。

哈贝马斯说，全球化从两个方面对民族国家提出了挑战。首先，人员、思想和资本在全球范围内日益流动，挑战了民族独特性和分离性的神话，助长了民族主义的精英主义意识形态。这些意识形态已经是民族国家话语的一部分，按照哈贝马斯的说法，在民族主义政治的简单教条、仇恨与自由民主的理想言论自由之间总是存在着一种紧张关系（Habermas，1998）。在哈贝马斯看来，民族主义几乎总是政治话语的死胡同，他反对两德统一的论点是建立在大众民族主义和偏见在其中起作用这个看法的基础之上的（Finlayson, 2004）。然而，尽管哈贝马斯对德国整合的目的持怀疑态度，但同时他又通过欧盟的兴起为欧洲政治一体化进行辩护。欧盟成立的初衷是为了让成员国之间有一个自由（共同）的市场，但是在欧洲，出于对20世纪初两次大战悲惨状况的反应，一直以来都有对政治和文化更大程度整合的支持者。在《包容他者》一书中，哈贝马斯认为，必须将欧盟的主要作用视为抵御欧洲日益增长的民族主义趋势的堡垒，或作为一个发展欧洲政治和文化交往网络的方案。

　　至于第二个挑战，则是全球化导致权力平衡明确地从民族国家及其民主机构中转移出来，从而限制了民族国家就社会福利和教育支出等此类问题作出交往性的合理决定的能力（Habermas, 1998）。哈贝马斯认为，解决这一难题的办法不是接受新自由主义的支配性的经济工具性，而是发展全球政治以应对全球经济。哈贝马斯说，即使民主开放的世界政府和全球政治的方案听起来像是科幻小说中的星际宇宙联盟，但交往行动也没有理由不能在全球范围内运作。在当前的国际政治下，哈贝马斯是谨慎的：如果他认为欧盟是跨国家政治的一个好例子，那么它也绝不是完美的。正如他所言，"布鲁塞尔的官僚主义"发展只是另一个威胁到生活世界民主的公共空间系统；结合欧盟经济规则的新自由主义，欧洲的生活世界似乎是处于两难境地。但欧盟有潜力作为一个跨国的、民主和政治话语的场所。欧盟的活动已超越了单纯的共同市场，扩展至文化、历史、补贴制度和民主等问题。通过这种方式，它已经成为关于欧洲文明的价值以及我们生存所依赖规则的交往话语的潜在来源。对哈贝马斯而言，这些规则是由市民社会所支配的，从市民社会中浮现了对理性的捍卫和对真理的追求（Habermas, 2001: 2006）。如此，建立在启蒙运动理想基础之上的欧洲观念，可以作为对全球资本主义工具性影响的一种纠正。

哈贝马斯、现代性与后现代

哈贝马斯坚定地拒绝后现代及其认识论上对应的后现代主义，这丝毫不令人感到奇怪。拒绝后现代（作为一个方案以及作为对当今世界的描述）和捍卫现代性（作为一个方案以及作为对当今世界的描述）是本书关于休闲的意义和目的的论点核心，因此哈贝马斯的立场值得更为细致的审视。在哈贝马斯表明反对后现代转向的立场时，他意识到自己是极不时尚的（好像追求真理和运用理性会是容易受时尚影响的东西），他的论证也变得活泼起来。在辩护中，哈贝马斯不再是一个干巴巴的哲学家，而是用语言风格来强行表达自己的观点。在《现代性的哲学话语》中，他将自己的批判总结如下（Habermas, 1985: 1990, pp. 336-337）。

66

为了告别现代性，（后现代主义）对理性的激进批判付出了高昂代价。首先，这些话语无法也不想澄清它们各自的立场……在这些话语为了获得理解而使用的修辞手法与它们在制度层面上所受到的挑剔对待之间，存在着一种不对称……或是海德格尔和德里达通过逃向深奥或把修辞学和逻辑学混为一谈来回避论证（他们的主张）的义务：最终形成的都是一种难以兼容的共生，一种在核心处抵御"规范的"科学分析的混合物……自我关涉的理性批判在飘摇不定的话语当中似乎无所不在，又无处立足，这就使得它对各种矛盾的解释几乎失去了免疫力。这些话语动摇了易错论的制度化标准，它们总能找到最后的托词……对手误解了整个语言游戏的意义，并在他做的那种回应中犯了一个范畴错误……

这是哈贝马斯对与后现代和后现代主义相关的认识论手法的拒绝。如果没有真理，也就没有办法就真理达成一致，那么也就不可能有明智的学术辩论。正如我们在上一章所看到的，主观意见的选美竞赛限制了交往理性。哈贝马斯基于波普尔的科学证伪检验（Popper, 1968）而将其拒之门外。但后现代主义理论也有一种自我限制的逻辑，嘲讽了它自身的主张：正如哈贝马斯在这里所暗示的，它拒绝关于一切的真理，除了它本身关于真理匮乏主张的真理。哈贝马斯接着转向后现代对世界的描述，继续说道（同上）：

　　它们（后现代理论）受规范性直觉的指导，这种
直觉超出了它们在间接要求的"理性他者"身上所能
容纳的范围。不管是把现代性描述为一种被改造和使
用的生活群，还是一种被技术操纵的生活，或者是一
种极权主义的、充满权力的、同质化的、被囚禁的生活
概念——这些谴责总是由一种对复杂伤害的特殊敏感
所激发……规范性基础有些已经暴露出来，有些则还
藏而不露，它们之间存在着一种不平等的关系……不
仅对象化的自我关系所导致的破坏性后果与这一现代
性原则（社会结构和制约）一起被谴责，而且曾经与
主体性相关联的其他内涵作为未能兑现的承诺（个人
自由、真理、平等）也一起被谴责……被抛出的恰恰
是自我确证的现代性曾经意味着的自我意识、自我决
定和自我实现等概念。

67

　　哈贝马斯认为后现代理论家在哲学上是错误的，在对世界
的描述上也是错误的。我们仍然关心真理，关心我们的自由，
当这些自由被限制时，我们会强烈抗议；而后现代主义者对那
些自由直言不讳，如同其他任何一个中产阶级的、有政治意识
的学者会做的一样。所以，如果我们仍然通过以理性、自由和
反对社会结构制约的斗争为前提的交往理性来理解和阐述这个
生活世界，我们就不可能处于后现代的世界中。当然，现代性

的社会和经济形态已经发生了巨大变化，但我们生活在一个本质上仍然是现代的世界。对哈贝马斯来说，现代性是由两个工具性系统——资本主义和官僚国家——在生活世界的交往空间上的出现和支配来辨识和追溯的（McGuigan, 2006a）。这两个系统与生活世界之间的复杂互动以及工具性的日益成功，说明了现代性从19世纪的形成期到今天西方大多数人生活的后工业现代性（晚期或高度现代性，Giddens, 1990, 1991）之间的差异。后现代，例如在文化和休闲的后现代转向中所宣称的，要么是工具性运作产生商品化的、被动的消费（购买最新的电脑游戏和游戏机），要么是更为积极的，是交往理性运作，个人聚集在一起抵抗工具理性所施加的制约（如自发的维基百科编辑在线社区）。

哈贝马斯在拒绝后现代的同时，明确地提出了他对现代性的辩护，将其视为基于启蒙运动的一项理性工程。如前章所述，哈贝马斯希望能够在哲学上和社会世界中理解意义，使我们能够对真理、现实、道德和正义做出有把握的判断。那么，哈贝马斯为现代性辩护，即是在为生活世界辩护，在生活世界中交往行动使个人能够自由地进行理性思考，并集体做出这种判断。在现代性的生活世界中，人们认识到了不公正和工具性的制约，哲学—政治家的角色似乎是柏拉图《理想国》中哲学王角色的复活版：引导政体对自身做出正确的决定，使人们按照理性和正义过上好日子。这也是哈贝马斯对后现代主义者如此愤怒的

68

原因之一：在建立虚假的等价物和相对主义的假象时，他们似乎允许不公正和制约以多样性的名义继续存在（Habermas, 1998）。因此，在20世纪90年代的巴尔干冲突中，被误导的公正观念阻止了西方政府谴责萨拉热窝围城战，因为他们不想被视为亲伊斯兰或反塞尔维亚的。妇女基本的交往的人权，往往被不愿谴责其他国家厌恶女性的文化习俗的西方政客所损害。

哈贝马斯也将现代性辩护为对世界和西方历史时刻的真实描述。哈贝马斯说，我们正处于现代性的终末处（Habermas, 1985: 1990, 2001: 2006），但我们并没有处于一个社会结构和其他制约因素被移除的世界中。正如麦圭根（McGuigan, 2006a: p. 158）所说，对哈贝马斯而言，"现代性的特点是生活世界与系统的解耦"。在曾是现代性开端的时刻，工具理性为资本主义和民族国家的建构提供了活力。在现代性的终末处，如前文所言，这两种系统正使生活世界涉险，威胁将之殖民化：慢慢地用消费、经济或国家控制的工具理性、策略理性取代交往理性和自由选择。根据哈贝马斯的观点，阻止生活世界在工具性浪潮下沉没的唯一方法就是使个人能够在公共领域采取集体的、交往的行动来对抗这些系统（1991: 1996）。随着系统的日益强大，反击的能力在空间上、社会上和时间上都受到限制。哈贝马斯对社会运动在迫使系统改变方面的作用持积极态度，他认为这种力量如曾经那般可以从生活世界中扭转潮流来减轻系统的影响（1991: 1996）。那么，正是在这种抵抗的交往行动中，

69   休闲可能会发挥有益的作用。

结论

吉姆·麦圭根的《文化与公共领域》是文化社会学的重要文本，有力地论述了当代文化及其进程之中的变化（McGuigan，1996）。麦奎根的研究自出版伊始便记录了后现代对西方社会和西方学术知识分子的影响历程，并充当起在后现代主义阴影下对理性批判的辩护。他最近对"冷酷的资本主义"（Cool Capitalism）概念的发展（McGuigan，2006b）是他对后现代细微处理的一个示例：承认后现代文化的重要性；承认资本主义从与现代性相关的到成为对反抗的修辞而被收编至控制业务之中的变化；但是持有这样一种认识论立场，即承认并批判这种基于现代主义有关的对真理和理性的假设的转变。

在《现代性与后现代文化》一书中，麦圭根试图引导迷茫者穿越后现代主义和后现代的泥沼（McGuigan，2006a）。他首先定义了两者之间的区别，尽管这个定义并不总是被理论家们认为与他在文中其他地方的讨论一致。在麦圭根看来，后现代主义是挑战启蒙运动的确定性——元叙事、科学主义、实在论——的智识的、认识论的范式。然而，后现代是（西方）社会变化之后的历史时刻，如福特主义的终结、阶级结构的衰落和全球化。麦圭根将后现代文化看作在这些变化中所浮现的东西，

并在文中用一章的篇幅介绍了麦努尔·卡斯特尔（Manuel
Castells）作品中关于信息时代这种变化的证据。毫无疑问，这
些变化已然发生，文化的（如果不是社会的）某些方面无疑可
以合理地被描述为后现代的。事实上，休闲理论家和研究者可
以在这里找到与文化社会学家共同的根据地。但麦圭根也对后
现代主义和后现代所带来的智识挑战感兴趣，对那些捍卫现代
主义思想和现代性认识论框架的人（尤其是左派）对后现代转
向的回应感兴趣：主要是哈贝马斯、吉登斯和贝克（Ulrich
Beck）。不管是后现代还是其他方面，麦圭根在分析关键理论家
时是无偏见的，但很明显，他同情现代主义者的批判实在论，
特别是哈贝马斯以及他从晚期现代资本主义的工具理性中捍卫
交往理性的生活世界。所以，他在文末以自己对批判思维的辩
护作为理解后现代和后现代文化兴起的手段的论述来结尾，也
就不足为奇了。

哈贝马斯帮助我们解释全球化和后现代。首先是他认识到 70
的、还有他的研究工作可以帮助我们解释的某些东西。我们今
天所理解和体验的全球化，正是与资本主义相关联的工具性和
策略理性日益增长的影响。全球化不是思想的自由交往交换，
所有这些交换都是以西方（尤其是美国）的经济和文化力量为
前提的。比如世界音乐，看似是民主自由的政治构建出来的文
化产品，但它建立在西方人可以接受的异国情调的观念之上。
橄榄球联赛的全球化对于英国和澳大利亚的橄榄球球迷来说可

能是个好消息，但它在新国家的出现体现了这些政体的西方化和商业化，这是新闻集团营销团队的又一成功。回到罗马人身上，我们可以看到，罗马化是在公元前的最近几个世纪强加给地中海生活世界一种新生的国家官僚系统：它的弱点是前现代性的不安全和不可持续，但即便如此，也可以说（古）罗马精神仅仅是被罗马基督教所取代的，而罗马基督教作为一种系统，至今仍然在世界大部分地区占据着支配地位。第二个概念，即后现代，最好理解为仍然是在现代世界中的东西，尽管其显示出从20世纪的现代性转变出来的证据。由于现代性受到资本主义系统支配地位的挑战，后现代的症状可能是工具性的，也可能是交往性的：作为研究者，我们的工作就是要弄清楚什么是工具性的行动或理性，什么是交往性的行动或理性。

这个哈贝马斯式的框架在关于休闲的更为广泛的理论辩论中不应有地被忽视了（Scambler, 2005, & Morgan, 2006）；它实则提供了一种调和结构观点和能动性观点的方法，而不需诉诸认识论上的绝望。在本书的后半部分，我将借助自己对黑色金属（音乐）（Spracklen, 2006）与橄榄球联赛在英格兰北部（Spracklen, 1995, 1996, 2001a）和南部（Spracklen, 2007a）的研究，把这个框架应用于橄榄球联赛、极端黑色金属音乐和旅游业。对橄榄球联赛的研究是由我之前对这项运动的研究发展而来的，而关于身份认同和排外问题的研究，最终是源自我个人对这项运动的兴趣。从这个意义上来说，自从在20世纪90年代开始对橄榄球联赛产生学术兴趣以来，我是在用哈贝马斯式的认识论来理解橄榄球联赛的一些变化——这些变化是由全球化和商品化引起的。对黑色金属音乐的研究，源于我自己极端金 71 属音乐圈子成员的身份，而这个身份已经明确地以哈贝马斯的方案为框架，即通过理性行动来框定和理解现代性。因此，方法论的选择与我想在现代性和后现代的边缘处确定一些休闲活动的愿望有关。但是这并不意味着我会不加批判地接受哈贝马斯的所有研究工作，也不意味着不加谨慎地将其应用于真实的、经验性的田野工作的杂乱之中。我将仅仅表明，我们可以通过将行动（休闲选择、休闲消费）理解为两种不可调和的哈贝马斯式理性的认识论产物来着手解决休闲悖论问题。然后，我将以对旅游的分析来结尾，应用哈贝马斯理论来解释有关追求本真性的问题。但是，在我开始任何这些讨论之前，有必要先审 视一下哈贝马斯所写的关于休闲的内容。 72

第四章　哈贝马斯论休闲（阅读材料）

　　尽管休闲并不是哈贝马斯批判和认识论框架中的核心概念，但是在他已经出版的著作中多处提及休闲。《公共领域的结构转型》一书是个例外，在该书中资产阶级休闲特别被用来澄清公共领域，及其必然的对立面即私人领域的发展。在本章中，我将对哈贝马斯论休闲的著述做出评注，从《公共领域的结构转型》开始，按时间顺序持续到他的后期作品。在他的后期作品中，休闲被用于有关理性、公共话语和行动的更为宏大的论证中。为提供评注，我必须详细援引哈贝马斯的著作。在托马斯·布格尔（Thomas Burger）所翻译的哈贝马斯主要著作的译本中，原作者那种有说服力和洞察力的风格依旧跃然纸上，不过那些概念框架取决于对类似的哲学和批判性著述事先的熟悉，特别是对阿多诺和霍克海默等人，而这些著述又吸收借鉴了黑格尔、韦伯，当然还有在更早之前马克思的著述。我对在这一批判性分析中详细地援引哈贝马斯的作品并不表示歉意，如果没有这些引文，那倒会是本书的缺憾；就那些对他论点的深度和广度感到畏惧的人，我只能建议伴随着我对它们的讨论而慢慢地、仔细地阅读这些摘选。

在详细引用哈贝马斯作品时，我保留了译本的美式英语和语法。[①]

资产阶级公共领域的结构转型

《公共领域的结构转型》[②]是哈贝马斯早期著作中最为重要的一部，在这部著作中，他首次阐述了以公共领域或空间为中心的交往理性和行动的概念，在这种公共领域或空间中自由思考和话语不仅是可能的，而且是这种领域的自然结果（Habermas, 1962: 1989）。在该书的前几页，哈贝马斯勾勒出欧洲文明和文化中公共领域发展的简短的（因而在历史编纂学意义上未必准确的）历史。就像文艺复兴和启蒙运动的信徒们回溯到古典希腊寻找他们的理性与合理性的典范一样，哈贝马斯也是如此。这可能是哈贝马斯全部文本的关键，也是他的批评

73

①　译注：原作者援引了哈贝马斯著作的英译本，本书译文在有中译本的情况下选择中译本，并有所改动；尚无中译本的情况下则是直接从原作者所提供的英文译出。

②　译注：本书中哈贝马斯著作 *The Structural Transformation of the Public Sphere* 节选中译文参考《公共领域的结构转型》，曹卫东、王晓珏、刘北城、宋伟杰译，学林出版社，1999年。

者们指控他民族中心主义的方面之一（Finlayson, 2004）。但哈贝马斯并不以这种回归启蒙运动及古希腊英雄的欧洲中心主义为耻。理想的希腊城市国家及其在自由、政治和理性这些独特观念发展中的作用，让哈贝马斯有充分的理由从那里开始。在哈贝马斯讨论理想的希腊城邦国家时，公元前5世纪雅典的黄金时代萦绕在他脑海中，这是通过逻辑论证创立了系统推理的苏格拉底的家乡，也是第一部民主宪法的作者伯里克利的家乡。这个城邦国家通过一种手腕而被正当化：公民被赋予公民权，并通过奴隶制和对妇女的家庭内压迫等类似机制，让公民有闲暇时间来讨论公共大事。对每个城邦自由男性而言所常见的事物在其他城邦之间也是常见的：希腊世界的地理和文化扩张也传播了其对辩论和竞争的解决方案。对哈贝马斯来说，这些解决方案包括精英阶层的季节性战争，也包括神圣比赛的周期性循环，其中奥林匹克运动会继续为我们现代人提供尽管是亵渎神灵的和世俗化的范例。

在高度发达的希腊城邦里，自由民所共有的公共领域（koine）和每个人所拥有的私人领域（idia）之间泾渭分明。公共生活（政治生活）在广场（agora）上进行，但并不固定；公共领域既建立在对谈（lexis）之上——对谈可以分别采取讨论和诉讼的形式，又建立在共同行动（praxis）之上——这种行动可能是发动战争，也可能是竞技体育……同等的人在竞争中，最好的人出类拔萃，获得了他们的精髓：不朽的名声。（Habermas, 1962: 1989, pp. 3-4）

按照哈贝马斯所认为的，从整个希腊时代到罗马世界，希腊城邦国家模式作为自由公民之间的理想事态的模式得以存续。虽然事实上罗马帝国明显是一个独裁国家，而且往往还是专制的，但它本身的正当性来自关于第一公民（Princeps）、元老院（the Senate）和公民大会（the People of Rome）之间平衡的神话。即使在爱德华·吉本所称的最为强大的"五贤帝"时期，罗马帝国的宣传也继续宣称是以上述组织中后两者的名义做出种种决断和征服的（Gibbon, 1776-1788: 2005; Birley, 1993）。罗马帝国将希腊哲学和文化据为己有，包括神圣和世俗的比赛、戏剧和其他艺术，以及（后来的）基督教。当帝国在西方崩塌，并在东方转变为拜占庭基督教城邦国家时，不可避免地，公元前5世纪雅典的回响或记忆存活在了中世纪早期的基督教欧洲，不仅取代了罗马帝国的蛮族的规范和价值观，也同样塑造了中世纪欧洲（Heather, 1998）。风格鲜明的力量和权力的展示取代了话语。哈贝马斯在描述后罗马时代公众展示自身的表现方式时，将休闲定义为这种表现和再生产的所在。哈贝马斯特别解释了骑士比武（joust）如何提升了与古希腊截然不同的公共高贵性观念，而这种观念仍基于霸权力量的手腕。对哈贝马斯而

74

言（1962: 1989, p. 8），骑士比武是权力的展现和体现，是通过表现的仪式、文化与地位的象征与修辞来表达的。骑士比武是权力等级制度栩栩如生的体现，以虔诚的基督骑士和握有土地的贵族领主为顶点；骑士比武不仅仅是虔诚的尊严行为的表达，更重要的是，它也让参与者和观看者分享了宗教节日的庆祝和骑士理想中的霸权男性气质。

> 他如钢铁，勇气从不让他失望，他的征服之手在战
> 斗中夺取了许多光荣的战利品……因此，我向英雄致
> 敬。——他是女人眼中的蜜糖，却也是女人心头的
> 病！
>
> Wolfram von Eschenbach （1200−1210: 1980, p. 16）

在《帕齐伐尔》（*Parzifal*）这首诗中，有抱负的骑士被赋予一个形象，即作为一个男人、一个骑士意味着什么。霸权男性气质被描绘为战斗中的高尚、勇气和无畏。但是，发展和强化这种男性气质的所在并不是在战争中；相反，锦标赛场地才是找到13世纪完美贵族男子的寓意性的场所。

75　　哈贝马斯随后描述了与欧洲高贵品质相关的骑士比武及其他节庆活动是如何愈发与王公贵族们的宫殿联系在一起的。这种关联定义了一种精英文化，它是与新兴的欧洲国家的酒馆、城镇和商人脱节的。在16—17世纪的早期现代时期，这个精英

领域受制于和听命于统治者的兴致。但是，在同一时期，在高级文化中独裁制度的建立对这种封建服从的反动是不可避免的。那些把财富归诸自己资本主义事业的男人（及少数女人），起初被拒绝进入精英阶层，但很快就发现他们的财富为他们买来了地位和承认，因为王公贵族们败光了自己的土地资源。独裁因此让位于一种综合体——哈贝马斯所说的"良善社会"。这个良善社会既是18世纪宫廷社交界的一部分，也是在殖民主义和工业化的背景下，早期现代资本主义经济崛起的产物，继而与民族国家、领土和权力等概念的兴起相联系。借助于与资本主义、贸易以及脱离宫廷的权力的出现而相关的自由和个体性，良善社会蓬勃发展。良善社会使现代公共领域得以创建。

> 相对于中世纪，乃至文艺复兴时期的世俗节日而言，巴洛克节日从字面上讲已经失去了其公共性。比武、舞会以及戏剧表演从公共场所回到了私人庭院，从大街上回到了城堡的厅堂里……只是从这个时候开始，才有现代意义上的公共领域与私人领域之分……政府当局和处于它之外的民众是相对应的；据说，政府当局是为民众谋幸福的，而民众却只关心自己的个人利益。（Habermas, 1962: 1989, pp. 9-11）

这一时刻，18世纪在伦敦、爱丁堡和巴黎的咖啡馆中公共领域的诞生也是欧洲理性的顶点：启蒙运动。这是诸如世俗主义和共和主义等激进政治观念的一个时代；一个以吉本这样的保守主义书呆子为开端，以拉普拉斯的现代科学、无神论和数学推理为结尾的时代。一直到最近，诸如休谟、康德、狄德罗、伏尔泰、卢梭和拉瓦锡等这些人，在西方受过教育的阶级中是完全不需要介绍或者加脚注的：这些都是拒绝迷信和独裁，把理性与合理性确立为真理的唯一仲裁者的哲学家。但是，尽管这些男人——因为启蒙运动中发表量和被阅读量大的作家主要是男性（Hankins, 1985）——是为会在公共场所讨论他们的作品的一部分公众而写作的，但这个公众和人民是不一样的：这个公众是资产阶级，他们认为自己在智识上和社会上都有别于普罗大众。

哈贝马斯在该书的后半部分又回到了资产阶级公共领域的启蒙运动起源，他借助19世纪一些政治和社会理论家的著作来解释启蒙运动的公共领域的转型。普罗大众受到法国大革命的恐吓［当时的无套裤汉（sanculottes①），即字面意义上指"没有套裤"的最贫穷阶级领导了暴动，并一度掌握了高于资产阶级的权力］及其拿破仑式的结局，资产阶级公众站在了反对普罗大众的后启蒙反动立场上，哈贝马斯在讨论该立场时，自如地引用了19世纪德国政治哲学家维兰德的作品（Habermas, 1857,

---

① 译注：sanculottes为无套裤汉，sans-culottes法语是没有套裤的意思，作者在原文写成"没有鞋子"（without shoes），中译文此处做了修订。

32: 191–218, 转引自 Habermas, 1962: 1989, p. 102, p. 50）。哈贝马斯（1962: 1989, p. 102）认为，公众意见起源于有教育、有知识、有理解力的人。所以，哈贝马斯参照维兰德的观点，认为这种公共意见"'主要是在上层阶级当中传播。如果他们大量地活跃起来，那就变得重要了。'当然，'民众中最底层的阶级'——无套裤汉，并不在其列；因为，他们在需要和辛劳的压力下，既没有空闲也没有机会'去关心那些<u>不能直接关系到</u>他们现实需要的事情'"。在这里我们可以看到，休闲时间，即控制自己的工作和资源来支持一个人自由地思考、阅读和讨论的时间之能力，对交往理性和行动来说是至关重要的。哈贝马斯在解释马克思的社会和经济变革的规范性方案时，对这一点进行了扩展。马克思在确定资产阶级公共领域中权力、自治进而自由的不平等时，提出了公共领域的一个模式让这种权力被更加均匀地分配，哈贝马斯对此进行了讨论。这当然是一个乌托邦式的梦想，但哈贝马斯是用它来反思19世纪资产阶级公共领域的实际发展。休闲在这儿又成为分析的核心部分。

　　自治的公众，通过对被吸收到社会中的一个国家的有计划塑造，为自身确保了（由私人构成的）关于个人自由、休闲和迁徙自由的一个领域。在这个领域当中，人类相互之间的非正式的和个人性的交往将第一次从社会劳动（甚至是"必然王国"）的制约中获

得解放，并成为真正"私人的"。（同上，pp. 128-129）

77 　　哈贝马斯从讨论第一批现代性理论家的研究工作开始，继
而阐述与现代转向相关联的社会的工业化、世俗化和个人化的
后果（同上，pp. 155-156）。在分析现代性在家庭衰落中的角
色时，他发展出了一种作为在国家—资本主义政治经济中的消
费形式的休闲模式。在哈贝马斯看来，现代性摧毁了家庭的传
统角色以及家庭财产、家庭规范和家庭价值这些观念。家庭对
儿童的熏陶作用已经丧失，伴随着这种丧失，作为一种私人机
构的家庭的权力也在衰退。作为补偿，政治家和社会建立了对
家庭的支持体系，诸如福利政策、公共卫生和各种救济金等。
然而，这种支持不仅仅是物质上的，对哈贝马斯而言，现代国
家的介入，换言之是提供了控制私人个体生活的结构化机制。
私人以及包括休闲在内的许多事物的消费的工具性网络的发展
都被进一步侵蚀。他继续说道（同上，p. 156）："现今家庭才真
正发展成为收入和空闲时间的消费者、公共保障和生活补助的
接受者。与其说私人自治是在支配功能中，不如说是在消费功
能中得到了维持。今天，与其说私人自治是存在于商品占有者
的处置权力之中，不如说是存在于各种类型的福利享有者的享
受能力之中。"现代性正在发生的是传统社会结构转变为由工具
性所决定的社会结构。于是，家庭的旧的、私人的空间被商品
化的理性所殖民，荣誉准则被购物清单所取代；反过来，休闲

也变成了由电视节目的时间安排所衡量的。

　　哈贝马斯继续对现代性和资本主义的工具性进行了强烈批判，休闲行动成为交往的、理性的行动的虚假副本，成为了启蒙运动公共领域的肤浅和无意义的替代品。哈贝马斯并不是否定所有的休闲活动，他所针对的只是当权者强加给人们的、作为一种霸权伎俩以让人们忘记公共话语和理性力量的休闲活动。随着公共领域的萎缩，哈贝马斯写道（同上, p. 159）："私人从他们作为财产所有者被社会控制的角色退缩到对空闲时间含糊使用的纯粹私人的角色……休闲行动给这个新领域灯光闪耀的私人性、宣称为内在生活的外在化提供了钥匙。今天，作为休闲领域的事物，与已经成为自治的职业领域相分离，有取代那种公共领域的趋势，而那种公共领域一度是在资产阶级家庭亲密领域中形成的主体性的参照点。"

　　工具性消费王国让我们深陷其中，哈贝马斯在将启蒙运动的资产阶级文化与我们现代人空虚的休闲生活进行对比时，休闲行动的主题得以继续。在做出对比时，哈贝马斯还阐述了由个人追求私人利益的自我导向性事务（行动）和将个人联合成批判性、交往性的公共领域的事务（行动）之间的区别。在启蒙运动中，西欧曾短暂被后者所塑造；现在，如同过去约150年一样，我们陷入了一个被工具性殖民的生活世界，我们的公共领域和我们自由的、交往性行动的能力是受到限制的。我们如何使用空闲时间正说明我们无法自由或明智地选择；休闲被

78

定义为非政治的或无聊的事情（一些让我们远离无聊而感到乐趣的事情，或许就像成百上千人每天午餐时间在脸谱网上结交朋友时做的那样）本身就证明了批判性思维在公共领域的枯竭。

　　　　所谓休闲行动，一旦成为生产与消费的循环的一部分，就已经是非政治的了，如果没有其他原因的话，那就是它没有能力构成一个从生存需求的直接限制中解放出来的世界。当休闲只是对工作时间的补充，那它就不再是那些追求私人事情的事务的一个不同的舞台，这些事务不能转化为私人之间的公共交往。（同上，p. 160）

　　对哈贝马斯来说，现代性的早期阶段、民族国家的兴起与资本主义的同质化和全球化不可逆转地引致了关于自由、自由意志和制约的当今时代以及我们晚期现代的困境。这是哈贝马斯最悲观、也是最受惠于他的两位导师阿多诺和霍克海默的地方。他对文化消费者的休闲活动的猛烈批评，读起来就像20世纪80年代布拉汉姆或克瑞彻写的英国休闲研究论文一样："休闲不仅被剥除了任何政治哲学（的因素），而且在其肤浅的、工具性的形式中，它限制和制约了人们认识到自己是受到限制和制约的能力。"他继续说道（同上，p.163）："在本（20）世纪，资产阶级的社交形式找到了替代物，尽管各个地区、各个民族

79

的社交形式不同，但有一点趋势是共同的：即对文学批判和政治批判的禁戒。"也就是说，20世纪人们对政治的本质与定向的批判性和交往性辩论的参与程度衰退了，哈贝马斯把这种衰退等同于对文学（乃至其他形式的高级文化）的意义与价值的话语的衰退。对哈贝马斯而言，在启蒙运动公共领域中进行批判性辩论的公众的至关重要之处在于其对私人阅读和学习的依赖，这使得批判性的公共辩论得以智识化。然而，哈贝马斯认为（同上，p.163），在当代社会，"相反，文化消费公众的休闲活动本身发生在一个不要求讨论的社会氛围中"。在工具化的休闲和文化中，既没有私人的思考，也没有公共的话语。

休闲，无论是否被工具化，都被视为生产、讨论和（或）消费文化的场所或活动。哈贝马斯可能是在为一种文化形式辩护，有人或许会说这种文化是精英主义的：西方文学的典籍、伟大的已故白人的艺术、欧洲启蒙运动的大观念。但这种高级文化语料库的重要性在于，它要求个人对其意义进行清晰而理性的思考，并需要参与到对其进行的对话和讨论中去。语料库并不是固定不变的，而是有其他艺术作品和文学作品的空间，也不只有那些已故白人的声音。哈贝马斯虽没有提及过，但是，例如托尼·莫里森（Toni Morrison）与威廉·莎士比亚并列的空间是存在的。在一个真正交往的生活世界里，《爱人》（*Beloved*）和《哈姆雷特》（*Hamlet*）两者都会被珍惜和辩论。在大众的、流行的文化的工具性中，它们一个被丢弃在了小众市场中，而另一个虽然没有被好好阅读却广为人知，而这两部艺术作品都没有被用来塑造我们的批判性思维。哈贝马斯意识到，艺术是为了支付艺术家的租金而产生的，是市场的产物，而我们消费艺术就像我们消费日常的面包一样。但这种消费行为还应有更多的内容：交往和理性。

坦率说来：过去，人们要为书籍、剧院、音乐会和博物馆付钱，但是讨论为什么读所读的、听所听的和见所见的，以及通过讨论可能完全吸收的东西，则是不需要付钱的。今天，讨论本身受到了监管……文化商品市场成为不断扩大的休闲市场，担负起新的功能……迈尔森（Meyersohn）在这个语境中指出，这是降低"休闲的准入要求"……大众文化消费没有留下持久的痕迹；大众文化消费提供的不是累积的，而是倒退的经验。（同上, pp. 164–166）

在该书的结语中，哈贝马斯认为民主参与和交往是不可取代的。如果资产阶级公共领域不再存在，或仅限于我们的休闲生活，那么就必须以抵制资本主义的工具性和支持交往理性的方式来构建和规定休闲。如他所言（同上, p. 229）："在私人领域个人自由的发展事实上已经降低到家庭圈子中，而空闲时间自身是需要通过民主参与——以替代被自由主义的豁免主义之

80

前所充分保护的私人财产中的基础——而获得公共保证的
状态。"

《交往行动理论》

在《交往行动理论》两卷本中，哈贝马斯回到启蒙运动，
利用其社会的、政治的和哲学的宣言来阐述关于自由、真理和
民主的观念（Habermas, 1981: 1984, 1981: 1987）。正是在这两卷
本中，他介绍了在现代性终末处的生活世界概念、它的交往理
性，以及系统（资本主义、国家官僚机构）的工具性的危险。
休闲在他的早期作品中，特别是在公共和私人的历史中扮演的
核心角色，被哈贝马斯归入对我们应该如何建构我们生活的规
范性思考中。但休闲的主题作为已经成为的或恐怕正在成为的
工具性的东西，仍然萦绕在他脑海中。因此，如何通过高级文
化和艺术的规范和价值来抵制这种现象，在《交往行动理论》
第一卷中得到了阐释。

> 我们说一个用正常的文化价值标准来解释其需求
本性的人是合乎理性的，特别是他对解释欲求和感受
的重要价值标准本身会采取一种反思的态度。文化价
值的出现和行动规范有所不同，它们不带有普遍性要
求。至多，这些价值是作为解释的候选项。在这些解

81

释之下，这些被影响的圈层——如果时机出现——可
以描述和规范性地规定公共利益。围绕文化价值，形
成了主体间相互承认的圈子，但这绝不意味着它们将
会满足一个文化内的大体同意，而更不用提普遍同意
了。出于这个理由，用来为价值标准辩护的论证并不
满足话语的条件……这种情况间接地发生在艺术、音
乐和文艺批评的讨论中。在这样的背景下，理性的真
正功能在于对一部作品或一场表演加以阐明，从而使
得它们能够被当作典型经验的本真表达，大体上作为
本真性要求的体现。通过美学经验而有效的一部作品
可以继而代替论据，并提升对那些标准的接受，正是
根据这些标准这部作品被看成是一部本真的作品。在
实践话语中，其理由或根据意在表明得到承认的规范
表达了一种能够一般化的兴趣；而美学批评的理由和
根据则是为了引导感受，并使得一部作品的本真性明
显到其美学经验自身能够成为接受相应价值标准的合
理动机。这为我们认为的美学论证的说服力相比我们
在实践乃至理论话语当中所使用的论证要逊色一等提
供了一个貌似合理的解释。

(Habermas, 1981: 1984, p. 20)

换言之，艺术提供了自己的内在化辩护，它为破坏关于效

用和成本的纯粹工具性的争论提供了基础或空间。但是因为关于艺术的话语是内在化的，所以没有理由把艺术和艺术批评作为真理和理性的起点。艺术是纯主观的：这就使得高级艺术避免成为工具性的商品，但也限制了艺术被用来以交往的方式挑战不公正以及支持自由与真理的潜能。用一个即使哈贝马斯没有在这本书中阐述过，但是在他脑海中出现过的例子，在德国，民族社会主义的最初发展受到了柏林艺术家们的嘲讽和挑战，有一段时间戏剧、音乐和喜剧的力量似乎使极右翼的发展停滞了。但与伍迪·格斯里（Woody Guthrie）的说法相反，乐器不会也不能杀死法西斯分子。

　　在第一卷的开篇部分，哈贝马斯进一步承认，休闲活动可 82 以处在将论证、理由和行动置于受控制的但其他方面是自由话语的语境之中："首先可以提及各种建制，例如法院、科学会议、监事会、医学会诊、高校讲座、议会听证会、工程师为了确立一项设计方案而进行的磋商等来描绘（行为语境）。"（同上，pp. 131–132）论证可能出现的语境的多样性可以从功能角度进行分析，并还原为一些社会的舞台或"场域"。与此相对应的是不同类型的主张和同样多的论证类型。因此，图尔明（Toulmin）将一般模式与特定的、依赖于场域的论证规则区分开来，在前者中他坚持论证的场域不变特性，而后者则对语言游戏或者法律、医疗、科学、政治、艺术批评、商业企业、体育等生活秩序具有构成意义。"如果我们不理解通过论证应当推进的事业的意义，我们也就无法着手判断论据是否充分，也就无法理解论据应当兑现的有效性要求范畴。"这是哈贝马斯接受了维特根斯坦的语言游戏概念，即道德、行为、真理和正义的规则只有在它们所适用的语言游戏中才被认为是有效的。所以，足球规则只适用于足球场上；在厨房里，它们则毫无干系。这个概念被哈贝马斯用来确定交往行动的语言游戏的条件：共识、批判性辩论、对理性的接受。

在《交往行动理论》第二卷①中，哈贝马斯只有一次回归到休闲。但他明确提及休闲的那一节是富有教益的，这出现在他勾勒工具理性的系统对生活世界殖民化的后果时。哈贝马斯在这里描述了休闲、文化、娱乐和旅游如何是生活世界的交往的、自由的思考与资本主义残酷的商品化和消费之间斗争的关键领域。在哈贝马斯的所有著作中，这段话对你眼下正在读的这本书的论题而言是最为重要的：

内部殖民化的主题说明，经济和国家的亚系统，作为资本主义增长的结果，变得越来越复杂化，并且越来越深刻地渗入到生活世界的符号再生产中。这个主题被社会学地检测是可能的，在其中，资本主义现代化的传统主义填充物被磨烂，而文化再生产、社会

---

① 译注：本书中哈贝马斯著作 *The Theory of Communicative Action* 第二卷节选中译文参考《交往行动理论》，洪佩郁、蔺青译，重庆出版社，1994 年。

83

整合和社会化这些核心领域已经被公开地卷入经济增长和因此而法治化的漩涡之中。这种情况不仅通行于诸如环境保护、核反应堆安全、数据保护等论题，而且众多论题在公共领域已经成功得到了戏剧化的表达。生活世界中非正式管理的领域的法治化趋势在广泛阵线上获得阵地——休闲、文化、娱乐和旅游越来越明显地落入到商品经济规律和大众消费定义的掌控之中，资产阶级家庭的结构越来越明显地适应就业系统的紧迫要求，学校越来越了然地接管分配工作和生活前景的职能，等等。（Habermas, 1981: 1987, p. 368）

尽管讨论很简短，但哈贝马斯在《交往行动理论》中对休闲的使用正当化了休闲理论、休闲学科以及正在进行的休闲、体育和旅游方面的经验性项目，它们批判性地审视了在休闲的意义和目的上的斗争。对艺术的悲观主义并不排除休闲和文化是交往理性可以产生交往行动的地方：只要成为交往的，就必须会有一个公共的（外在化的）领域，而在这个领域中关于意义的辩论是可以发生的。就像在他的早期著作中一样，只有当休闲发挥着交往作用，或者是这种交往理性的产物时，休闲才在道德上富有教益。如果休闲是消费和商品化的产物，是某种工具理性系统比如全球资本主义的终点，那么它在作为一种赋予个人意义和目的的空间、形式或活动上就没有那么有用了，那么就只剩马戏团了，我们在其中娱乐，忘记了自由和民主的梦想。

《现代性的哲学话语》

《现代性的哲学话语》是哈贝马斯最难读的书之一，但在该书中他为启蒙运动提供了强有力的辩护，以反对福柯和德里达等理论家（Habermas, 1985: 1990）。他认为，启蒙运动方案在哲学、社会学和政治学中仍然是我们理解现代性的核心，它囊括了当前和以往的理论，总是致力于挑战对认识论、认识论真理和实在论的批判。哈贝马斯在一个短节分析中讨论关于生活中不必要的商品消费时援引了休闲。哈贝马斯在这里论述的正是凡勃伦（Veblen, 1925: 1970）所说的炫耀消费（conspicuous consumption），即故意将资源浪费在昂贵的商品或做法上以使消费者获得自我定义的地位和权力感。现代性伊始，休闲是一种浪费性消费的符号，尽管这不是在绝对意义上的，（毕竟）一些休闲可以是生产性的。不过，哈贝马斯并没有援引凡勃伦，而是引入了乔治·巴塔耶（Bataille, 1933: 1985）所提出的消费理论。根据哈贝马斯（1985: 1990, p. 222）的观点，巴塔耶"在消费当中看到了一种深刻的矛盾：一边是生命所必需的劳动力再生产，另一边则是奢侈消费；这种奢侈消费通过浪费的方式让劳动产品摆脱了生死攸关的必然性领域，进而摆脱绝对新陈代谢过程的摆布。这是一种非生产性的花费形式，从个别商品占有者的经济视角来看，它代表了一种损失，但它同时能够实现和确定人的至高无上以及人的本真存在"。

　　哈贝马斯知晓马克思也曾论述过这些观点，不过马克思是以一种悲观的方式表明个人没有自由以明智地使用闲暇时间。他继续说："当然，马克思也曾提及过一个自由领域：它超越了必然领域，也超越了由外在自然的新陈代谢所决定的生产领域。但是，马克思把创造性地运用闲暇时间纳入到个体本质力量的外化和重新获得的模式之中——马克思的参照点仍然是正在进行普遍地自我实现的整全个体。然而，巴塔耶非常现实主义地觉察到了其中的危险：劳动会成为一种必然习性，只是打着貌似自治自由的幌子在不断进行而已。他担心，在一个物质丰富的世界里，真正的至高无上也会受到压制，只要按照收支均衡原则，合理利用物质财富和精神财富，没有为一种极端不同的消费形式留下空间，即没有为消费主体可以表现自身的浪费支出留下空间。这种非生产性的支出形式把巴塔耶推到了狂热的自我超越的有害状态的边缘。这种自我放飞在奢侈消费中也留下了经济学的踪迹，'人的活动不能全部还原为生产和再生产过程，而消费必须分为两个不同领域。一个领域是还原为社会中的个体能够维持生活并继续其生产活动的最小的必需量……另一个领域是包含所谓的非生产性消费：奢华享受、哀悼仪式、战争、宗教狂热、壮观建筑的建立、游戏、戏剧、艺术以及与

85

117

生殖无关的反常性表现活动等，至少最初它们都有着自己的目的'。有闲阶级的这种奢侈所表现的为满足其自身所寻求的自足活动（亚里士多德语）仍然暴露了一些原始的至高无上的东西。"（同上，pp. 222–223, 转引 Bataille, 1933: 1985, p. 12）

在《现代性哲学话语》一书中，哈贝马斯对休闲的讨论以炫耀消费、非生产性的公开消费已经在现代社会中让位于休闲的私人化的观点作为结尾。与巴塔耶观点的相交再次是以马克思理论为框架的：

> 资本主义的特征是把一切剩余都重新投入再投资，即它们被再次生产性地花出去；积累过程服从的是资本自我实现的命令。由此，马克思只是批判了交换价值的生产日益脱离了使用价值的生产……所以，现代社会确实没有奢侈的公共展示——"按照无聊而又压抑的习俗，展示财富现在发生在私人的屋檐底下"。封建社会的浪费所标识的慷慨、纵欲以及毫无节制等特征，现在统统不见了。（同上，p. 223, 引自 Bataille, 1933: 1985, p. 22）

围绕着现代性的空虚以及其新的工具化和私人化的休闲形式的浅薄本质的论述有种辛酸。哈贝马斯认为，巴塔耶哀悼纵欲（前现代的、狄奥尼索斯式的赛会、宴席和斗殴的狂欢）的丧失，是对19和20世纪出现的理性化、文明化的休闲和文化的回应。但是，这种对现代休闲的悲观主义因信奉交往行动的力量而有所缓和，按照哈贝马斯的说法，交往行动永远不会被工具性完全吞没。

哈贝马斯后期作品中的休闲

在哈贝马斯的后期作品中，他的政治议程变得更加迫切，全球化和经济变革的影响、可被称为后现代的东西以及极端主义的兴起都对晚期现代性的（西方）自由民主式的解决方案提出了质疑。正如他在《后民族结构》（*Post-National Constellation*）一书中所评论的那样，"同样的消费品和时尚，同样的电影、电视节目，以及畅销的音乐和书籍在全球范围内传播"（Habermas, 2000, p.75）。这种传播削弱了地方和民族的社会结构，也吞没了任何为自由运用理性提供交往空间的努力。这里的休闲本质上仅仅是商品化、工具化、大众化的，并被用来把我们都变成柔顺的、被驯服的消费者。在其他地方，哈贝马斯以更积极的方式使用休闲，用休闲来界定我们可以自由地对我们的生活做出理性的决定。在《在自然主义与宗教之间》①（*Between Naturalism and Religion*）一书中，哈贝马斯将休闲作

86

---

① 译注：本书中哈贝马斯著作 *Between Naturalism and Religion* 节选中译文参考《在自然主义与宗教之间》，郁喆隽译，上海人民出版社，2013年。

为一种基本的善品（a basic good），在致力民主的对话、共识和分配的不同团体之间被协商。对妥协的承诺至关重要——并将信仰团体及其绝对性从这样的对话中分离出来。正如他所建议的："对投票程序的接受是由各派别之间准备好妥协这一点得到解释的，即这些派别毕竟在下面这点上达成了一致：他们中的任何一方都试图实现自己的优先权，即得到金钱、安全或空闲时间这些基本善品方面尽可能大的份额。这些派别能达成妥协是因为他们都渴望可分善品的同样的类别……而不同信仰团体之间的生存价值之争则不能通过妥协解决。"（Habermas, 2008, p. 135）

在《在事实与规范之间》[①]（*Between Facts and Norms*）一书中，哈贝马斯试图为政治自由提供政策，同时也为基于共享法律权利的政治伦理提供方案（Habermas, 1991: 1996）。德国社会学家路德维希·雷泽（Ludwig Raiser）将这些权利如何被共享理解为不同的公共领域和私人领域建构的结果（Raiser, 1961, 转引自 Habermas, 1991: 1996, n. 15, p. 559）。哈贝马斯（1991: 1996, pp. 398-399）以此来描述私人领域是如何建立起私权利的伦理核心的，为此他以休闲作为私人性的例子："雷泽把一种狭义的私人生活领域（住宅、家庭和婚姻的家庭领域，以及休闲和消费、私人结交等领域）同广义的、由典型的团体利益为特征的私人生活区别开来。在这里，个人，就他们作为

[①] 译注：本书中哈贝马斯著作 *Between Facts and Norms* 节选中译文参考《在事实与规范之间》（修订本），童世骏译，生活·读书·新知三联书店，2014年。

当事人的角色而言，依赖于（比方说）就业关系和租赁关系，或者依赖于交通运输企业或供应商。与此相反，社会领域则是由公司企业、大型组织、社团协会和各种中介结构所支配的，它们通过运用经济和社会权力来影响个人决策。这个领域理论……有一定的描述价值。它的真正意图在于借助私人领域这个社会学概念来强调私权利的伦理核心。"

在审视个人如何利用法律系统来确保他们的个人和社会权 87
利时，哈贝马斯还处理了社会福利和个人自由之间的矛盾问题。他在20世纪末的西欧国家看到了福利国家的典范，即国家通过立法来保护那些在现有法律框架下没有个人力量来保护自己的人。但是，正如他所言（同上，p. 407）："福利国家的家长主义（paternalism）引起了这样一个令人不安的问题：这种新范式到底是否符合法律自由的原则。考虑到行政权力作为国家干预之媒介的性质（一些绝非中立的性质）所造成的法律化后果，这个问题就显得更加尖锐了。这种提供照顾、分配生活机会的福利国家，通过保证就业、医疗、住房、最低收入、教育、休闲以及生活的自然基础，它给予每个人符合人类尊严生存的物质基础。但它显然也造成了这样的危险：通过提供这种无微不至的关怀而损害个人自主性，而这种自主性恰恰是它通过提供机会平等地利用消极自由之物质前提所要推进的。"如果国家提供休闲机会，那么危险在于这种休闲也是由国家规定的（而其他休闲则可能会被禁止）。在西方社会关于肥胖症的争论是一个典型的例子，道德恐慌导致了对个人生活方式的教导和干预，其理由是对不健康的、超重的工人阶级经济成本的工具性争论（Gard & Wright, 2005）。

　　哈贝马斯提出了一个逃离悖论的方法，尽管它只是解决方案的一部分。他提出（1991: 1996, pp. 410-411）："在私法领域，我们发现了摆脱福利国家家长主义的一些建议。一条思路是关注权利的可诉性。其出发点是这样一种发现，即实质化的法律，由于其同典型社会状况的复杂关联，向冲突各方提出很高的能力要求。权利之能够具有社会效力的程度，取决于相关者在多大程度上充分了解情况，并有能力在恰当场合实现由司法基本权利所保障的法律保护。一般来说，调动法律的能力本来就依赖于正式教育、社会背景和其他变量（如性别、年龄、法庭程序经历，受冲突影响的社会关系的类型，等等）。但运用实质化法律方面的入门壁垒更高，因为具有实质化内容的法律要求非专业人员将其日常问题（关于工作、休闲与消费、住房、疾病等）剖析成从生活世界经验情境中抽象出来的高度专业化的法律构造。"哈贝马斯再次引用这样的观点：休闲是一个私人领域，我们在其中的个体偏好可能面临来自国家和资本主义系统工具性干预的风险。哈贝马斯支持调用教育来改善法律制度的进入壁垒，减少专家的权力，但是他承认，在休闲这样的语境中，如果不需要正式化（职业化）的规则解释者，就很难讨论法律问题。

最后，哈贝马斯在《过渡时期》（*Time of Transitions*）一书中讨论了遗迹旅游背景下的休闲问题（Habermas, 2001: 2006）。他尤其对德国关于建造大屠杀纪念馆的辩论以及对其意义和用途的争论感兴趣。他在分析这场争论时首先提出，可以通过恩斯特·卡西尔的著作来审视这场争论（Cassirer, 1945）。哈贝马斯认为，卡西尔研究的有用之处在于他对世界观和利益共同体构建中符号主义的认识（Cohen, 1985）。对哈贝马斯而言（2001: 2006, p. 62），"卡西尔对康德认识论进行了符号学改造，把世界构成的自发性从先验主体转移到各种'语言'中：日常生活的、神话的、艺术的、宗教的、科学的等语言。我们同时所在的各种符号的'世界'，既反映了许多对世界的看法，也反映了与世界实践互动的各种形式：仪式、日常习俗、艺术、狂热崇拜、程序和建制、手工艺、审美和科学技术，等等。在这个非常宽泛的符号形式的概念化中……—边站着语言的、命题结构的，因而也是理性的表征形式和具有明确意义内容的行动；另—边站着非话语的、前语言的或外在于语言的、仪式化的、意象化的表达方式或样式，它们的表述行为的或作表语前的意义内容有待于如同在语言媒介中那般得到阐释"。

所以，以艺术和文化为形式的休闲在我们所在的不同（符号）世界的构建中起着关键作用，并为我们构建了我们的世界观。但是在现代性中，这种象征性的构建是以我们联系于并且生活于一个通过素朴实在论建立起的（自然）世界之中的能力为代价的。所以我们不再踢足球，而只是在电视上支持我们的球队。哈贝马斯继续说道：

89

> 当人类通过符号掌握了攻击他们的自然力量时，他们从自然的直接压力中获得了一定程度的距离。可以肯定的是，他们为这种解放所付出的代价是自我施加的对语义化自然的依赖，这就回到了神话图像的神奇力量中。但是，与第一自然的决裂在符号性生成的第二自然中继续，即与朝向对符号世界的构建与范畴阐释的概念化倾向联系在一起。随着文明的进步，人类将自己卷入一个越来越密集的符号调节的网络之中，从而将自身从自然的偶然性中解放出来，并以日益间接的方式进入与其的接触中。（同上，pp. 63-64）

正是通过对卡西尔理论的这种萃取，哈贝马斯将之与自己理论的哲学和社会学框架综合转化而得出他令人绝望的结论。

> 表征的符号形式和表达的仪式形式发生在现代社会中，而且不仅仅是以残留的形式。对柏林大屠杀纪念馆项目的例子……表明，一个民族的文化记忆不仅在教育、文学传统、博物馆和纪念馆的教育学等话语媒介中传播，显然它也需要符号表征和仪式化。另一

方面，在实现这类项目之前，也要使其以如此鼓舞人心的各种形式和思想在无情的公共话语的酸浴中被剥夺其最后的自然性残余。（同上，pp. 69-70）

关于纪念馆的任何道德或伦理教益性都在对历史的简化和讨论中消失了：无论原初的意图是什么，纪念馆都被关于德国"人民"在大屠杀中的角色的主张和反主张所玷污。

结论

哈贝马斯从来都不是一个休闲学者，而且休闲从来都不是他各种理论和研究方案的主要关注点。尽管如此，他对如何利用休闲来建立这些方案中的关键概念是感兴趣的。在他的公共领域发展史中，休闲起到了重要作用。休闲既被视为一种能使交往理性得到培养的行为形式，又被视为在全球化、资本主义和国家官僚机构的压力下一种与交往的、民主的话语相抗衡的形式。他看到了在现代性到来时，休闲是如何被私人化的。他 90 认为工具性正将休闲和文化商品化，而这样的方式使个人难以找到自由思考的政治和社会空间。基于上述原因，他关于休闲的工作对休闲研究以及在21世纪如何维持对休闲的研究都具有重要意义。 91

第二部分

研究

第五章 哈贝马斯的理论应用于体育

反思

英格兰北部的小镇、法国西南部的城乡以及澳大利亚昆士兰和新南威尔士的工人阶级社区是橄榄球联盟的核心地带。在英格兰重工业崩塌之前，橄榄球联盟俱乐部与支持者的工作之间联系紧密。许多业余橄榄球联盟俱乐部依赖当地工厂提供资金支持和体育设施。职业橄榄球联盟俱乐部由当地工厂赞助，球员也在工厂里就业。大量的英国职业橄榄球联盟俱乐部处于矿区：兰开夏郡（Lancashire）西南部的维根（Wigan）、圣海伦斯（Saint Helens）和利（Leigh），坎伯兰海岸（Cumberland Coast）的沃克顿（Workington）和怀特海文（Whitehaven），约克郡西部赖丁（West Riding of Yorkshire）的卡斯尔福德（Castleford）、费瑟斯通（Featherstone）和韦克菲尔德

（Wakefield）。即使在利兹（Leeds），城市南边也有矿井，最后一个矿井一直存续到 1985 年的矿工罢工[①]才关闭。另一些俱乐部则是在与其他重工业相关的城镇。韦德尼斯（Widnes）的存在要归功于帝国化学工业公司（Imperial Chemical Industries Ltd, ICI）的化学工厂，这也是俱乐部绰号的由来；汉斯雷（Hunslet）位于利兹一个以铁路工程闻名的地区；杜兹伯利（Dewsbury）和巴特雷（Batley）则属于一个以纺织业为主仍被称为重毛纺（Heavy Woollen）的地区。

　　曾几何时，阅读橄榄球联盟的赛事结果就如同阅读从赫尔（Hull）的渔船船队到沃灵顿（Warrington）的电线厂的一部北方工业的简明史。橄榄球联盟是英格兰北部的一部分，是北部工业景观的一部分：当20世纪70年代初工业衰落时，橄榄球联盟也陷入了人气的螺旋式下跌和俱乐部的惨淡经营之中。业余橄榄球联盟在那个时候几乎完全消失了，因为工厂球队失去了工厂，而男人们没有钱花在俱乐部酒吧或阶梯看台上了。

　　然后在 1984 年，玛格丽特·撒切尔与英国矿工工会（National Union of Mineworkers）开战，阶级战争的前景刺激了英格兰北部的橄榄球联盟带（有时也会被称为 M62 带，因 M62 为一条便利地连接大多数北部联盟城镇的高速公路）的发展。

[①] 译注：1984—1985 年的英国矿工罢工是影响英国煤炭业的重要事件，罢工的失败极大削弱了英国的工会运动。罢工也被看成是玛格丽特·撒切尔政府和保守党在政治及意识形态上的一场重大胜利。

俱乐部的老板们，一群喜欢吃自助午餐和去阿尔加维（Algarve）打高尔夫球的新贵们，受到球迷们的密切关注。一些俱乐部的董事因为念及自己的根源而支持罢工的矿工；另一些人则明智地保持沉默，但没有干预和阻止为罢工基金募捐。橄榄球联盟的许多精英球员本身就是矿工，或者曾是矿工，或者是矿工的儿子。橄榄球联盟的共同体是站在工人这一边的。亚瑟·斯卡吉尔（Arthur Scargill；译注：时任英国矿工工会主席）被视为英雄。

几年后，当罢工失败，大部分矿井被关闭时，橄榄球联盟天真地接受了英国煤炭公司（British Coal）的赞助，该公司是曾听命于玛格丽特·撒切尔的英国煤炭委员会（National Coal Board）的继任者。1992年，英国对战澳大利亚的世界杯决赛在座无虚席的温布利（Wembley）体育场举行，数千名身穿英国队球衣的球迷涂掉了印在球衣前面的英国煤炭公司的醒目标识，这正是北部工人阶级团结和自豪感的展现。

要了解英格兰北部，了解它的历史和现代体育的发展，西约克郡的索尔泰尔①是最佳的开始地点。这是一个完美形成的工业村落，位于希普利（Shipley）和河流之间，由维多利亚时代

---

① 译注：索尔泰尔（Saltire）位于英国西约克郡，是世界上最早的大型工业住宅区，2001年作为文化遗产列入《世界遗产名录》。村庄名由创始人的姓氏（Salt）和流经村庄的河流（Aaire）名字结合而成。索尔泰尔的布局和构造在工业和社会福利以及城市规划方面产生了深远影响。城镇布局至今完整保留其原始风貌，生动再现维多利亚时代慈善事业的家长式统治典范。

典型的家长提图斯·索尔特①建立，来安置他的工厂的工人们。提图斯一贯对自身价值引以为豪，用自己、直系亲属、女王（译注：维多利亚女王）和她心爱的阿尔伯特（Albert；译注：维多利亚女王的丈夫）的名字来命名村里一排排房屋组成的各条街道。他为工人们建造的房屋走在时代前列，与附近布拉德福德（Bradford）的贫民窟相比，有巨大改善。提图斯信奉要照顾好自己的工人。他是摩西，而工人们是他的以色列人。这意味着村子里有许多教化性设施，比如一座宏伟的唯一神教会（Unitarian）教堂和一所学校，提图斯通过禁酒来确保他的工人们在道德上的正直［禁酒是为了他们，而不是为他自己：他的生日聚会名声是相当响亮的，他位于北边米尔纳·菲尔德（Milner Field）森林里的崭新住宅内有一个基于格拉斯顿伯里修道院建造的厨房，只是有更大的酒窖］。

提图斯的毛纺厂在村尾的运河（就是那条蜿蜒穿过山谷一直到利兹的运河）边，这是他的世界的中心。它的烟囱是艾尔谷（Aire Valley）最高最宏伟的，耸立在烟尘之上。我小时候习惯了用当地的黑色石头建造成的纺织厂和工厂的高大阴影（直到长大了许多，我才知道约克郡的黑色石头只是普通磨石砂，是被多年烟尘熏黑的）。索尔泰尔是其中最大最好的区域。有些

95

---

① 译注：提图斯·索尔特（Titus Salt）爵士，索尔泰尔创始人，英国毛纺织业巨子。1851年，他将五家毛纺厂搬到艾尔河口临近利物浦运河的乡间，至1876年，索尔特在这里创建了一个拥有整齐房舍、医院、教堂、学校、健身房和救济院等的典范城镇。

作坊还在运作或被用作仓库，但在布拉德福德、巴特雷、杜兹伯利、利兹的大多数作坊都只剩空壳了。罗德里（Rodley）的南边，我们住处附近，史密斯的起重机工厂即将关门，运河后面沿线的窗户都被砸烂了。在索尔泰尔，似乎工业革命仍是我们可以引以为豪的东西。房屋还有人居住，小教堂还在使用，庞然大物般的工厂似乎未受现代破坏者半砖半瓦的染指。

如今工厂更加安全。它已成为中产阶级复兴的中心、一处世界遗产区域的核心。工厂的部分现在是一家全球电子公司的总部，翻新的作坊是卫生官员的办公场所，其他部分现在则是一个旅游景点。这里曾经是纺纱机吱吱呀呀作响的地方，现在你却可以在巨大的房间里游览大卫·霍克尼（David Hockney）的画廊，买一杯拿铁，吃着精致的食物。提图斯打造的梯形排屋主要是由在利兹山谷南边工作的人交易的，不过仍有一些救济院出租给老人。只有提图斯在米尔纳·菲尔德森林的那座花哨的住宅不见了，消失在乔木和灌木丛下，温室的马赛克和老地窖是仅存的标识着它逝去的遗迹。夏日的周末，索尔泰尔涌动着穿着米色短裤和棉质衬衫的胖乎乎的游客。充满提图斯·索尔特创业精神的当地人为美国人提供导览，这些美国人戴着与他们白袜子和白运动鞋匹配的白色棒球帽，他们的家人吃着冰淇淋、薯条和馅饼。

提图斯·索尔特的工人是更大的工业资本主义浪潮的一部分，这股浪潮席卷了英格兰北部宁静的山谷，工厂、铁路、公路和梯形排屋把它们弄得伤痕累累。资本家提图斯希望他的工人们有生产能力。慈善家提图斯希望他的工人们今生安逸，这样他来世就能安逸。提图斯希望他的工人们忠诚、道德端正，重要的是，身体健康。因此，除了教堂和学校，以及带后院的房屋和改善的卫生条件外，提图斯和他的继任者们还建造了一个公园、几个板球场，并最终建造了一个橄榄球场。

96 　　当第一次去索尔泰尔的时候，我弄不明白为什么那里会有一个板球场。板球和资本主义有什么关系呢？但索尔泰尔是理解工业革命、英格兰北部工人阶级的成长以及现代体育发展的关键。索尔泰尔是更为宏大的故事的一个缩影：关于北方工业和工人阶级的增长如何导致了工厂工人和矿工接受其雇主的体育活动的故事。提图斯·索尔特本人对于橄榄球运动来说太早了，但他对慈善事业的关注和他的资本主义驱动力是下一代在奔宁山脉（Pennines）两边的小城镇建立橄榄球俱乐部的那些肌肉发达的基督徒们的典范。了解提图斯·索尔特和索尔泰尔有助于解释为什么韦克菲尔德的橄榄球联盟俱乐部至今仍被称为"三一队"（Trinity）。而且大多数人仍只知道它叫"三一队"，而不是后来的"野猫队"（Wildcats），那个在橄榄球联盟与鲁伯特·默多克（Rupert Murdoch）的新闻集团达成协议后采用的美国风格的杂交队名。

哈贝马斯的理论应用于休闲和身份认同上

21世纪初，凯文·希尔顿（Kevin Hylton, 2005）和本·开林顿（Ben Carrington, 2004）对体育和休闲研究人员提出了挑战，认为他们对体育和休闲构建种族化的身份认同方式缺乏批判性研究（另见 Carrington & McDonald, 2001）。本章通过集中考察围绕英国和法国橄榄球联盟的研究来应对这一挑战，并从交往和工具理性的角度来分析身份认同形成的社会伦理（Habermas, 1983: 1990）。具体而言，橄榄球联盟是一个同时可以观察到交往性和工具性行动的休闲空间的例子，这一观点可以被用来探讨关于少数族裔橄榄球联盟运动员在比赛中遭遇的身份认同的协商。

英式橄榄球联盟运动如同所有现代体育项目一样，在过去的数十年里，由于商品化（Hughson & Free，2006）、全球化（Maguire，2005）以及向后工业和后现代身份认同成形过渡（Wheaton，2004a）的压力，已经发生了很大变化。作为橄榄球联合会的一种变体，橄榄球联盟①在英格兰北部展开的历史发展，在20世纪大部分时间里限制了它在国际上的扩张能力（Collins，2006）。不过，这种情况现在已经转变。英式橄榄球曾是一项仅限于英格兰、澳大利亚、新西兰和法国的工人阶级社区的运动，现在已经在30多个国家开展，而且每年比赛的主位（emic）大众宣传册都会报道新范围和新征程，从阿根廷到格鲁吉亚。例如，在英国最为畅销的橄榄球联盟周刊《联盟快报》的一期上（2006年7月10日，第2506期）报道：

> 炎热之下，捷克共和国成为最新一个在橄榄球联盟中建立国际形象的国家，昨日它在与英国学生先锋队的比赛中首次亮相，令人鼓舞。（Keenan, 2006, p. 3）

在同一页上，该报报道了牙买加橄榄球联盟协会官员代表团到访利兹的情况，在报纸的后面，还有来自塞浦路斯的比赛报道（黎巴嫩埃斯波尔队对阵岛上英军基地球队一胜一负）和

---

① 译注：橄榄球联盟 / 联盟式橄榄球（Rugby League）；橄榄球联合会 / 联合会式橄榄球（Rugby Union）。1871年，英格兰成立橄榄球联合会（R.F.U-Rugby Football Union）。1886年，RFU公布了"业余宣言"，禁止任何人在从事橄榄球活动中获得报酬或物质奖励。因英格兰北部多为工业区，球员大都无法承受打球不挣钱的经济负担，1895年，英格兰的橄榄球运动组织发生分裂危机，出现了职业（Rugby Football League）和业余（Rugby Football Union）的分立。1901年，"橄榄球联盟 / 联盟式橄榄球"的称呼开始出现。

橄榄球联盟欧洲联合会在佩皮尼昂（Perpignan）举行的19岁以下比赛中爱尔兰对塞尔维亚的比赛。

但是，在英式橄榄球联盟拓展天地的同时，这项运动在全球范围内仍然是关联于它的发源地的，19世纪末和20世纪上半叶在以下地区作为一种半职业比赛的传播：英格兰北部（1895年建立了北方联合会，并在随后的10年中进一步加强）、澳大利亚东部各州、新西兰、法国西南部、巴布亚新几内亚（橄榄球联盟是该国无可争议的国家运动）。同一期的《联盟快报》在头版头条报道西约克郡的"布拉德福德公牛队"（Bradford Bulls）险些被"利兹犀牛队"击败，而"利兹犀牛队"的主场在距离布拉德福德只有几英里的艾尔谷。报纸里面的大部分报道都是关于超级联赛和全国一、二级联赛的34支球队，其中有29支是在英格兰北部的传统橄榄球联赛地区。此外，还有5页半的篇幅用来报道澳大利亚国家橄榄球联盟：当然，这是澳大利亚化的证据，但不是那么明显的全球化的证据。

本章以我个人长期以来对橄榄球联盟的研究兴趣为基础。我将之前研究项目的结果和围绕伦敦与法国的橄榄球联盟球员以及英格兰北部球迷的生活故事进行的新研究做比较。在橄榄球联盟通过其与霸权男性、白人性和地方性的关系构建归属感和身份认同的方式上参考福柯（Foucault, 1972）和哈贝马斯（Habermas, 1983: 1990）的研究工作，这将使比较工作能够顺利进行。研究伦敦的黑人橄榄球联盟球员和他们在法国的同行的

98

情况，橄榄球联盟共同体某种意义上的边缘性将得以辨别。这将清楚表明，这项研究对休闲研究中围绕后现代和身份认同的更为广泛的元理论叙事含义很重要。

从历史学角度来看，英格兰的橄榄球联盟充满了虚构的传统，这项运动本身及其起源于19世纪末的煤烟中是一方面（Delaney，1993），运动的诋毁者是另一方面，他们将橄榄球联盟视为仅是"正统"橄榄球（橄榄球联合会）的职业附属品（Roberts, 2004, p. 85）。橄榄球联盟的支持者和那些书写橄榄球联盟的人都清楚，橄榄球联盟是工人阶级反抗的表现，是北方工人阶级文化的表现，也是对工人阶级阳刚之气的颂扬（Bamford, 2002; Hinchliffe, 2000; Kelner, 1996）。不过，这种将"该项运动"等同于北方性和北方身份认同的做法，并没有妨碍橄榄球联盟共同体内的人也采用平等和多样性的语言，并夸耀黑人历史的与现时的参与（Collins, 2006; Melling & Collins, 2004）。

按照霍布兹鲍姆和瑞恩哲（Hobsbawm & Ranger, 1983）的说法，可以看出这是一种虚构的传统，它将橄榄球联盟在19世纪英格兰北部的起源与建立在抵抗基础上的"北方性"神话混为一谈。这一虚构的传统已经变得正常化：尽管不断地提及归属感，将橄榄球运动想象的共同体与北方的工人阶级男性联系在一起（Spracklen, 1995, 1996, 2001a, 2005, 2007a）；尽管有利兹城市大学辨认出的与种族主义、旧习与缺乏少数族裔的支持者和裁判等相关的"小而重要"的问题（Long et al., 1995），橄榄球联盟仍被梅林和柯林斯视为包容性的典范。

　　这种"北方性"在本质上也是一种白人性的文化和共同体，这一点已经在其他地方得到观察和讨论（Spracklen, 2001b）。橄榄球联盟在其传统的英国中心地带仍然主要是一项白人运动。但是，正因为橄榄球联盟是基于象征性的边界（Cohen, 1985）与嵌入正常化的白人性虚构传统（Long & Hylton, 2002; Spracklen et al., 2006）之中，橄榄球联盟并不必须得是白人、北方工人阶级男子的专门运动（Spracklen, 2005）。一个基于运动的想象的共同体不可避免地容易发生变化，它的象征性边界将永远是内部人和外部人之间对意义和解释的争论场所（Garner, 2006）。处于不确定之中的是个体行为者如何做出参与橄榄球联盟的决定，以及这种选择背后的理性如何在明确的哈贝马斯式意义上既是交往性的（自由的、慎重的），又是工具性的（制约的、自我中心的）。正如哈贝马斯（1981: 1984, p. 285）所解释的那样："行动效果包括行动结果（总的而言就是指付诸实现的预期目的）、行动后果（包括行动者已经预见到的，或行动者意向的，以及行动者必须承担的），以及负面效果（出乎行为者预料的）。"

　　橄榄球联盟中通过创造一个想象的共同体来构建社会身份认同是有风险的（Spracklen, 1995, 1996, 2001a, 2005, 2007a; Spracklen & Spracklen, 2008）。这个想象的共同体部分是通过历

99

史性的被想象过程（见 Anderson, 1983; 关于神话在想象共同体中的使用）与通过符号和象征边界的生活过程来构建的（Cohen, 1985）。与许多后现代批判话语中的新部落不同（Maffesoli, 1996; Wheaton, 2004a），想象的共同体赋予其成员在传统的阶级、性别和种族结构中的社会身份认同和地位。如此，归属感不仅仅是购买一件利兹"犀牛队"的球衣，尽管这种行为是一个自由选择的事情，也是一个具有重大象征意义的事情。我认为，传统上被视为北方、白人、工人阶级男性的橄榄球运动（Denham, 2004; Spracklen, 1995, 2001a）已经不得不重新想象其象征性边界，以适应来自非传统橄榄球联盟地区和非传统背景的球员的需求。然而，尽管如此，赛事中的许多工人阶级和男性话语（以及与性别秩序和男性身份认同的关系——Connell, 1987; Pringle & Markula, 2005; Edwards, 2006）与象征主义仍然存在。两个在利兹的半职业俱乐部汉斯雷（Hunslet）和布拉姆雷（Bramley）处在超级联盟（Super League）球队"犀牛队"的阴影下，对这两个俱乐部的12名橄榄球联盟球迷的采访描绘出这种对晚期现代的阶级和共同体观念的持续承诺。本章探讨赛事扩张、伦敦和英格兰南部以及法国西南部的黑人球员的参与，与早期研究中确定的想象的共同体的象征性边界和归属神话（Long et al., 1995; Spracklen, 1995, 1996, 2001a; Long & Spracklen, 1996; Long et al., 1997; Spracklen et al., 2006）所正常化的种族主义和性别歧视之间的紧张关系。

20世纪后期英格兰北部的英式橄榄球联盟

对于英格兰北部的球员和支持者来说，不管是过去还是现在，英式橄榄球联盟都与北方工人阶级的文化和历史有关：与之前研究中辨识出的"北方性"有关（Spracklen, 1996, 2001a）。与橄榄球联盟相关的英格兰北部是一个狭小的地理区域，仅限于1974年以前的兰开夏郡（旧郡南部）、约克郡的西部赖丁（以及赫尔和约克的外围城市）与坎伯兰西海岸的某些城镇。根据参与橄榄球联盟的人的说法，北方那些地理上属于橄榄球联盟中心地带以外的地方，并不被视为真正的北方：

> （橄榄球联盟）向我展示了一种生活方式，让我进入了一个我归属的世界……橄榄球联盟与它的人民和地理有一种暧昧情结，你不能把它和它所在的地方分开，它们牵涉太深。（Spracklen, 1996, p. 235）

北方是橄榄球联盟的发生地：北方人玩橄榄球和观看橄榄球比赛，他们创造了北方性，而这种北方性被视为做一个白人、工人阶级、北方人意味着什么的榜样。这种北方性本身就是"该项运动"这个想象的共同体通过共享的（想象的）历史归属和传统的再虚构而被构建和维持的方式的一部分。它体现在对

100

英格兰北部的刻板印象和象征性边界的共同认识中——磨坊、矿坑、品脱啤酒和派，同时也体现在对北方、工人阶级男子气概理想的尊敬中：球员坚如铁石，男人不胡说八道，强硬但公平，如同沿着奔宁山脉山脊将北方一分为二的石头一般坚毅。

> 这就像……关于它的一切，一直都是关于诚实、关于我们的运动，发自内心的骄傲……一种北方的运动，对北方人来说，这就是它一直以来的特点……你看，我们走自己的路，因为我们想掌握自己的命运……而打这个球的人，他们总是反映出自己的根源……你不会有任何自负，直到他们开始，所有这些合同业务，我说的是当时，在林赛（Maurice Lindsay；莫里斯·林赛，时任橄榄球联盟主席）出现之前，球员和球迷住在同一条街上，在同一家酒吧喝酒，所以他们就像……这是这项运动被接受的一部分，它是我们的，我想，我们就是努力工作的阶层，普通人，可以用某种方式通过橄榄球（联盟）来表达他的价值观。（Spracklen, 1996, p. 223）

101　　按照对休闲的哈贝马斯式分析可以看出，20世纪90年代英格兰北部的橄榄球联盟被夹在两种不可通约的趋势之间：一是怀旧的欲望，希望在该项运动的历史中界定出一种交往的自由和抵抗感；二是职业化和商业主义的工具性谋划。

英式橄榄球联盟在利兹：作为全球化的超级联盟

2008年2月，"利兹犀牛队"击败澳大利亚国家橄榄球联盟冠军"墨尔本风暴队"，加冕世界杯橄榄球联盟俱乐部冠军。利兹城市大学卡内基学院是由卡内基（Carnegie）赞助并以此命名的，"犀牛队"此次世界杯俱乐部冠军是继2007年获得超级联盟冠军后的又一次夺冠，当时"犀牛队"得到了卡内基的赞助，并作为超级联盟时代最强的俱乐部之一，在整个城市乃至更广的城市地区进行宣传。自超级联盟成立并且赛事转入夏季以来（Denham, 2004），有钱的利兹橄榄球联盟俱乐部（RFLC）——"洛因人"（the Loiners）——转变为"犀牛队"，自我标榜为中产阶级家庭的休闲目的，这些人希望有训练有素的高薪职业球员提供一些美国化的娱乐活动来填补他们夏季周日的午后时光。作为"犀牛队"，利兹RFLC接受了超级联赛是娱乐、魅力，是在北半球与澳大利亚国家橄榄球联盟对等物的理念。他们收购了利兹橄榄球联合会俱乐部（Leeds Rugby Union Football Club），将其重新包装为"野狗队"（Tykes），他们自己则化身为利兹橄榄球队——两支队伍都包含在一个全年赛事套餐中。随着赞助交易和季票逐年水涨船高，"犀牛队"投资了整个城市和约克郡的年轻天才球员，以及来自澳大利亚和新西兰的最佳球员和教练们。虽然英格兰北部的酒吧里无休止地重复着在超级联盟时代哪家橄榄球联盟俱乐部最成功的争论，但毫无疑问，利兹"犀牛队"（利兹 RFLC）出现在大多数球迷的候选名单上。

几乎所有反思过去 20 年经历的布拉姆雷和汉斯雷的球迷都懊恼利兹"犀牛队"在 20 世纪 90 年代改到超级联盟，并在这座城市的统治力越来越强。一位自 20 世纪 60 年代起的布拉姆雷支持者，阿诺德（化名，本章及下章受访者均为化名）说超级联盟"给了这项运动曝光率，但实际上却毁了这项运动……那些城市外围的球队（如布拉姆雷）现在已经没有机会打入顶级的选拔组了"。汉斯雷的球迷克里斯汀娜对"犀牛队"提出了批评，并表示他们"已经忘记了自己是从哪里来的……他们曾和我们一样"，暗示"犀牛队"已经背叛了他们的工人阶级根基，背叛了利兹橄榄球联盟的工人阶级共同体。另一位汉斯雷的球迷评论，"利兹和其他球队就这样把我们赶走了"，这表达了一个共同体被分裂的感觉，还有利兹南部的工人阶级支持者群体对比赛的变化感到的愤怒和烦闷。

1937 年，查尔斯第一次在旧的麦堆球场（Barley Mow）观看布拉姆雷对阵利（Leigh）的比赛，他可以接受橄榄球联盟的一些改动。他对改在夏季进行的橄榄球联赛相当满意，并对将橄榄球联盟扩展到伦敦等地的尝试感到兴奋，但他对比赛的商业化不屑一顾。关于超级联盟，他承认"他们打了一些非常好的球"，但他接着说，他不能：

理解为什么他们起这些名字，似乎夸张了……韦克菲尔德"三一队"已经有一个大家都知道的好名字。那为什么他们成了"野猫队"？之前每个俱乐部都会有机会，现在只是那几支同样的球队了。

另一位布拉姆雷的支持者克莱尔也赞同查尔斯的意见："我不喜欢那些花哨的东西，我觉得是垃圾，太美国化了。"她认为，布拉姆雷的球迷去看比赛是为了看布拉姆雷队打比赛，是为了"结识同伴，喝酒聊天"。比赛的社交世界对她和她对橄榄球联盟的看法至关重要：在布拉姆雷，没有人会看啦啦队、歌手或烟花，因为"他们会忙着聊橄榄球、喝酒，或者比如我，忙着卖抽奖券"。布拉姆雷的社交世界是工人阶级的、北方的，是那些被超级联盟美国化所抹除的东西（Denham, 2004）。

克雷格是汉斯雷独立支持者协会（Hunslet Independent Supporters Association）的一名重要志愿者，该组织的成立是为了在球迷和俱乐部之间建立直接联系。他也更喜欢夏季橄榄球。他形容1月份对阵沃克顿的比赛"冻死了，太冷了"，并指出很多比赛都是"泥浆浴"，破坏了比赛的观赏性。从某种意义上说，克雷格意识到橄榄球联赛是娱乐性的，它的旧环境可能不利于它发挥娱乐的功能。尽管有这种对改变和哈贝马斯式现代化的接受，克雷格还是肯定了超级联盟的负面影响："钱大把大把地流进赛事，但并没有平均分配……大俱乐部想要的东西越

103

来越多，富人会继续变得更富。"克雷格对大俱乐部和超级联盟的不信任延伸到了"犀牛队"：即使他很开心利兹在拉森比杯（Lazenby Cup）中对阵汉斯雷，但他"不会不辞劳苦地去现场观看"。另一位汉斯雷的球迷则担心，利兹在这座城市的实力和优势意味着"他们可能会吸引本来是汉斯雷的球迷，或者至少那些在以前可能会正常去看汉斯雷队的球迷"。

丹尼，改革后的"布拉姆雷水牛队"（Bramley Buffaloes）的董事之一，也呼应了这种反超级联盟、反利兹的情绪。他认为，超级联盟是"一个（与橄榄球联盟）不同的比赛……球员们的体格那么庞大、士气那么高涨，我觉得用不了多久就会有人被杀死。这已经不是我们的比赛了"。丹尼的话再次表明了他的比赛、橄榄球联盟、工人阶级半职业球赛同精英自动人（elite automata）①的超级联盟世界之间的不同，这些人通过一些人工手段"打气"（指增强性能的药物，见 Waddington, 2000）。他对超级联盟，特别是利兹 RFLC 的厌恶，源于他认为利兹俱乐部已经背叛了布拉姆雷，利兹橄榄球队的一些个人还以某种方式拖欠布拉姆雷几十万英镑。在"犀牛队"的主场进行的橄榄球联赛"（与在布拉姆雷进行的橄榄球联赛）是完全不同的比赛"。丹尼对利兹 RFLC 的愤怒还不止于此：他支持"任何和他们对战的球队"，并表示"犀牛队"的成功"对我们（布拉姆

---

① 译著，原文为"elite automota"，译者认为是作者输入错误，应为"elite automata"。

雷）毫无益处……如果我中了彩票，我会买下海丁利
（Headingley，译注："犀牛队"主场），然后在上面建一个耐托
廉价食品超市（Netto）"！

伦敦的少数族裔橄榄球联盟球员

13名少数族裔橄榄球联盟球员接受了采访，以探讨他们与
橄榄球运动以及橄榄球运动被想象和想象的共同体之间的关系
（Spracklen, 2007a）。所有受访者都是通过向伦敦业余橄榄球联
盟的联系人咨询少数族裔球员的情况而被招募到研究中来的，
所以从某种意义上说，他们的族裔身份是由给我提供详细资料
的联系人为他们定义的。不过，采访中传达的亦是他们对黑人
性的统一认知。每个被问到的球员都说，如果让他们定义自己
的种族，他们会自称为黑人；当被追问他们对自己是什么的看
法时，大多数球员继续说他们是英国黑人，只有两个球员强调 104
他们家庭的非洲血统。正如一位球员所解释的那样，黑人是别
人对他的看法，自己也觉得自己是黑人，尽管政府人口普查上
会将他定义为混血儿：

> 我妈妈是白人，但我是黑人……当他们在街上看
> 到你的时候，没人会关心你的爸爸妈妈，别人看到的
> 我就是我。

在对伦敦和英格兰南部的教练和发展专员的研究中发现，这部分人都是白人，他们对橄榄球联盟是否适合南部黑人工人阶级持有强烈意见（Spracklen, 2005）。一些人，但不是所有这些人，对工人阶级的黑人男子是否适合参加橄榄球联盟发表了评论，提出了"自然"速度和敏捷性的刻板印象这个幽灵，这些是20世纪90年代罗恩等（Long et al., 1995）和其他人对体育中"种族"和种族主义的批判研究中熟悉的内容（Carrington & McDonald, 2001; Woodward, 2004）。但无论教练的动机是什么，他们对与年轻黑人男子合作的投入得到了这项新研究中所有受访球员的认可。每个球员都表示，他们对橄榄球联盟的初次认识来自教练的介入，要么是通过参与橄榄球联盟学校的老师，要么是通过橄榄球联盟发展项目。在这些发展项目或基于学校的接触之前，没有一个受访球员对橄榄球联盟有任何真正的认识：

> 我家没有人了解橄榄球的事情，只是球，球，球，就这样……我之前对橄榄球一无所知，直到（发展专员）来我们学校。他给我们上了一节课，并邀请我和他们一起训练，就是这样。

> 伦敦南部没一点橄榄球的传统，压根没啥橄榄球或类似的，不像利兹，每天电视上、报纸上都能看到

橄榄球。

我之前觉得橄榄球是中产阶级的事，不适合伦敦
南部的孩子。我之前不知道还有另外一种橄榄球。

有五名球员说他们在开始打球之前听说过橄榄球联盟，这
证明了这个说法：一名球员说，他之前对橄榄球联盟有一个模
糊概念，那是在英格兰北部打的一种比赛。另一位解释说，他
曾在天空电视台看到过几场比赛，但没怎么太注意。那么对于
接受采访的球员来说，橄榄球联盟并不是他们周围环境的一部
分，也不是他们社区的一部分，如果说他们知道橄榄球联盟，
也只是一知半解。与英格兰北部不同，在这些球员小的时候，
橄榄球联盟并不是他们一个扩展的想象的共同体的一部分。此
外，他们所知道的橄榄球其实是橄榄球联合会：对他们来说，
这是一种中产阶级的白人比赛。

但是有迹象表明，参与和投入橄榄球联盟正在创造同样的
家庭和同伴网络——一个想象的共同体——维持着英格兰北部
的橄榄球联盟。两名球员表示，他们曾鼓励自己的同伴和他们
一起学习橄榄球："一开始他们不想参加，但我设法让他们一
起来……放学后，我们一起去打球……现在杰超过了我，打起
了职业橄榄球。"一名球员强调橄榄球已经左右了他的家庭，以
至于他的妈妈成了他所在俱乐部的志愿者，他的姐妹们即使在

105

他没有上场的时候也会观看球队的比赛。所有接受采访的球员都表达了对橄榄球联盟的承诺：有人希望成为职业球员，有人曾为"野马队"（Broncos，现在的"小丑队"，Harlequins RL）效力，所有人都认为他们自己将继续参与橄榄球联盟。他们强烈地认同他们的俱乐部，并表示出对职业比赛的兴趣，包括在电视上看比赛到积极支持职业俱乐部（布拉德福德、利兹和现在的"小丑队"）。橄榄球是他们的运动，他们可以看到自己在比赛生涯结束后成为教练、志愿者和球迷。

与来自英格兰北部的橄榄球联盟队比赛意味着所有13名球员都接触到了北方的比赛规范和价值观。这让他们认识到橄榄球联盟是北方性的一种表达，北方人用这项运动来定义自己：

> 我的大多数伙伴都会想到《加冕街》（Coronation），他们觉得北方就是这样的，橄榄球也是其中一部分……它有个形象问题，是的，可能有一点，当我们去卡斯尔福德（Castleford）或类似的地图上没有的地方时，我妈妈有时还是会吓一跳……

英国流行肥皂剧《加冕街》以英格兰北部一个虚构的小镇为背景，围绕着工人阶级家庭的日常生活展开，一条阶梯街道的尽头有个酒馆：对许多英国南方人来说，这种鹅卵石铺成的街道、阶梯和街角酒馆的形象，是对"上北方"（up-north）日

106

常生活的主要刻板印象。当然，人们在地图上找到卡斯尔福德的概率比找到富勒姆（Fulham）或旺兹沃斯（Wandsworth）的概率要高，但伦敦南部的视角已经很清楚：北方不是在地图上，而是在居住的都是发扁平元音的白人工薪阶层的地方。其中一名球员告诉我，"橄榄球联盟在北边（英格兰北部）仍然是白人的比赛，这是个不同的地方"。另一名球员解释说，这项比赛被北方的白人工人阶级社区用来"保持自己的身份认同"。种族主义的个人经历差异巨大，这或许反映了一些球员可能如何选择将这些经历正常化或忽略它们（King, 2004; Woodward, 2004）。虽然有三名球员说他们从来没有遇到过任何种族主义问题，但另有两名球员说，当他们与来自传统的北方工人阶级橄榄球联盟城镇的球队比赛时，这是一个常见的问题。另外两名球员说他们遇到过种族主义者，但这种经历并不频繁。那些说遇到过种族主义的人似乎都表示，在他们职业生涯的早期，当他们作为青年球员对阵北方球队时，有一个特别的问题：

> 你会去这个大地区中的某个地方，你知道会有麻烦……来自另一支球队，甚至来自他们的父母……每个星期都一样。

然而，即使所有受访者就种族主义在他们比赛经历中有影响的程度未能有一致看法，但是他们都同意橄榄球联盟可能仍然被视为不欢迎黑人和其他少数族裔个人的（或者正如两名球员所表示的，它实际上就仍然是这样的）。

更积极些的是，尽管有种族主义的影响，以及该项运动与北方的刻板观念的关联，但是球员们仍在橄榄球联盟中看到了一种表达自己男性身份的手段。他们认同高知名度的橄榄球联盟球员，并认可前黑人球员榜样，如艾乐利·汉雷（Ellery Hanley）和马丁·奥菲亚（Martin Offiah），哪怕他们的职业生涯在20世纪90年代末早已结束。有两位球员的家庭来自非洲，他们特别强调了奥菲亚，觉得他们可以理解作为一个尼日利亚人的他。对这些在英式橄榄球联盟中的黑色人种伦敦人来说，打橄榄球联赛使他们能够展示出橄榄球运动中男性规范的承诺，即使这是与黑人的身体素质概念包裹在一起的。

> 我打橄榄球联盟，因为我高大、速度快，我喜欢进攻和体能测试……这关乎我是谁，证明我自己……得到尊重。

此外，这些在英式橄榄球联盟中的黑色人种伦敦人认识到了橄榄球比赛的霸权男性的吸引力，他们通过橄榄球联盟建立了他们自己的黑人的、工人阶级的男性气概："因为橄榄球联盟在南边这里并不常打，（但）对我们来说没有障碍，你知道，有很多关于黑人青年的坏话……这有关向其他人展示我的能力，有关为我的弟弟们提供一个榜样……通过运动，你可以很强硬，但有纪律。"联盟式橄榄球是当地男子气概中更多犯罪化、帮派元素的另一个试验场：一项运动，就像伍德沃德研究中的拳击运动（Woodward, 2004）一样，在这项运动中，黑人青年可以在白人控制的葛兰西体系中庆祝他们的黑人性和黑人男子气概。

我们对希尔顿（Hylton, 2005）所倡导的"批判种族理论"方法加以运用并调整，明显可见伦敦和英格兰南部的橄榄球联盟是一项可以实现英国黑人概念的休闲活动。正如邓汉姆所表明的那样，英式橄榄球联盟已经全球化，在很多方面，现在已经类似于并反映出后现代（Denham, 2004）。对于本研究中的球员们来说，橄榄球联盟只是一种运动，作为个人和作为种族化的行动者在后现代的混乱中表达选择。然而与此同时，这项运动的"北方性"内在地存在着三个方面的矛盾，以这些球员们合理化地参与该运动的方式体现出来：橄榄球联盟是控制现代体育中的身份认同和福柯式具象的霸权男性气质的一部分（Foucault, 1972; Pringle & Markula, 2005）；橄榄球联盟的男性叙事是由北方和南方的工人阶级身份认同赋予特征的；"北方性"将橄榄球联盟种族化，并使其（如果不是南方，就是北方）白人化。

解决矛盾的方法之一是挑战邓汉姆关于橄榄球联盟是后现代的假设（Denham, 2004）。显然，橄榄球联盟已经全球化了，但与此同时，在英格兰，与橄榄球运动相关的想象的共同体仍然保持在晚期现代性之中。在这项研究中，球员们创造了自己的身份认同，但在这种构建中仍然受到阶级、性别和"种族"的制约。那么正在发生的事情似乎可以通过接受哈贝马斯（1983: 1990）的观点来理解，即社会环境中的个体行动者通过工具理性所施加的制约和结构做出交往决定（休闲选择）。因此，这些球员可以利用交往理性在社会认同中形成自己对橄榄球联盟的看法；但同时，与性别秩序相关的工具理性限制了在此过程中产生的黑人男性气质。橄榄球联盟是一个休闲空间的例子，在这个休闲空间中，交往行动和工具行动都可以解释少数族裔橄榄球联盟运动员在历史上并不流行该运动的这个地区所面临的归属协商。

橄榄球联盟在英格兰的扩张主义努力对参与橄榄球运动的少数族裔个人比例的影响可被识别到（Spracklen, 2005）。首先，不列颠亚裔在该运动中的代表性持续不足。当然，这不仅仅是橄榄球联盟的问题。总体上英格兰体育无法吸引来自广泛人口学基础中的参赛者（Long et al., 2003; Long et al., 2005）；这部分是由于该国不同族裔群体之间社会排斥经历的差异，但也是"体育"在英格兰所代表的想象共同体的一个症状，一个围绕着定义中产阶级、白人男性的象征性边界建立的共同体（Spracklen, 2003）。大多数的运动都未能吸引和留住不列颠亚裔参与者（Fleming, 1995）。尽管有证据表明，在青少年和业余层级上不列颠亚裔确实玩球，但球类协会，如橄榄球联盟，未能

招募到大量不列颠亚裔进入其观众群和职业队伍（Burdsey,
2004, 2007）。如果考察到橄榄球运动本身的传统核心地带，不
列颠亚裔在橄榄球联盟中的缺席就更令人忧心忡忡了。在过去
的50年里，不列颠亚裔和黑人社区的增长大部分是在传统的
橄榄球联盟城镇和城市（Spracklen, 2005）。在奔宁山脉的西
部——索尔福德（Salford）、奥德汉姆（Oldham）和罗奇代尔
（Rochdale）；在约克郡——利兹、布拉德福德、基利
（Keighley）、巴特雷、迪兹伯利和哈德斯菲尔德
（Huddersfield）。橄榄球联盟城镇中的黑人社区除了大城市中的
几个地方外，其他地方都相当分散，但亚裔社区，特别是不列
颠巴基斯坦工人阶级社区，大量集中在橄榄球联盟场地周围的
城区和街道上，橄榄球联盟俱乐部曾经从这些地方吸引了成千
上万的球迷和数百名球员。2001年人口普查数据显示，仅英籍
巴基斯坦人就占布拉德福德（包括基利）人口的14.5%，占罗
奇代尔人口的7.7%，占柯克莱斯（Kirklees）（哈德斯菲尔德、
巴特雷和迪兹伯利，集中在后两者）人口的6.8%——很显然，
有成千上万的亚裔社区的英国孩子在成长过程中离橄榄球联盟
只有"一脚球"的距离。

　　第二个参与问题与第一个问题有关：黑人球员在橄榄球联
盟中的代表与参与。尽管有明确证据表明，黑人球员面临歧视
（见 Long et al., 1995; Spracklen, 2001a），例如黑人球员被限制在
某些位置上打球，这些位置延续了关于黑人自然属性的刻板印

109

象观念［他们的速度、身体素质——诸多体育界人士使这些神话延续，其实压根没有任何科学依据（Marks, 2003）］，但相关数据表明，黑人在多个层面上参与了橄榄球联盟，并扮演了一些角色。对于梅林和柯林斯（Melling & Collins, 2004）来说，这证明橄榄球联盟一直是一项包容性的运动。但正如我在其他地方所论证的那样（Spracklen, 2001a），这种参与映射出黑人被允许在多大程度上参与制造该运动的象征性边界、神话和虚构的传统，以及黑人球员通过扮演北方工人阶级的角色而被接受为"该项运动"的一部分的路径。

橄榄球一直是，而且在许多地方依然是，一个严密组织的地方性运动。在过去30年里，正是在黑人定居的地区发展出了新的传统和网络，使黑人能够参与到橄榄球联盟中来：黑人球员和支持者已经与某些业余俱乐部联系在一起，比如利兹的伯利区（Burley）的"女王队"（Queen's）。但对黑人球员的这种采用是有限的，在这些网络之外——在老矿区城镇的业余橄榄球联盟中，在观众群和管理者队伍中，甚至在传球手的关键战术角色中（Long & Spracklen, 1996; Spracklen, 2001a）——赛事的白人化仍然是其标志性特征之一。在希尔顿等人一篇未发表的会议研究论文中，橄榄球联盟的主要受访者在被要求对1995年报告以来的10年进行反思时，他们表示报告后的状况几乎没有什么改变（Hylton et al.,2005）。橄榄球联合会在满足种族平等标准等政策要求方面所做的工作（Long et al., 2003; Spracklen et al., 2006）提高了人们的意识，但英格兰北部橄榄球运动的人口结构保持了对橄榄球运动的白人性的反映（Spracklen, 2001a, 2003）——2001 年 （Spracklen, 2001a, p. 76） 和 2004 年 （Spracklen, 2005）仍保持了 1995 年一小部分人所报告的状况。

我之前有关橄榄球联盟的研究中调查了这项运动通过创造一个想象的共同体来建立归属感和身份认同的方式（Spracklen, 1995, 1996）。这种归属感的共同体既是在历史意义上被想象的（Anderson, 1983），也是通过（重新）生产界定归属感和排斥感的象征性边界（Cohen, 1985）来构建的。梅林和柯林斯（Melling & Collins, 2004）校勘的内部文本，诸如球员传记之类的，强化了定义被想象的虚构传统，同时也再现与创造了象征性边界的"该项运动"相关的规范和价值。当然，梅林和柯林斯对橄榄球联盟的工人阶级不断反抗权势集团的英雄般叙述是有争议的："该项运动"想象的共同体也可以用更为保守的修辞来描述，比如说，它是一个维持和延续现有霸权性别秩序的共同体（Connell, 1987; Edwards, 2006）；或者如同其他许多运动项目一样，是一个白人被正常化和隐形的共同体（Long & Hylton, 2002; Spracklen, 2003）。

在伦敦和英格兰南部所做的研究工作，采取这种更为批判的立场的话，就可以被视为既通过交往行动挑战了"该项运动"想象的共同体，但也复制了它。进入到伦敦和英格兰南部的橄榄球联盟的黑人球员不会携带"北方性"、北方工人阶级的自豪

110

感和白人性的虚构的传统（Garner, 2006）。在这个意义上，这些球员的参与能对"该项运动"的象征性边界提出挑战，只要这些球员人数众多，并留在"该项运动"中，而不是被排斥或边缘化（如板球等其他运动中已发生的情况，McDonald & Ugra, 1998）。然而，现有的黑人对橄榄球联盟的参与受到狭隘定义的象征性边界的限制——即黑人参与者扮演的角色是由"北方性"及其白人、工人阶级的阳刚之气所定义的——这将不列颠亚裔排除在全面参与之外（Spracklen, 2001a, 2003）：因此，现在来判断伦敦和英格兰南部人口结构的变化是否会对"该项运动"本身产生持久影响，或者这些球员是否会被吸收到橄榄球联盟现有的文化和社区中还为时尚早。考虑到那些对他们工人阶级性的评论，以及对他们与橄榄球联盟本身关于男子气概和阳刚之气的刻板印象的融洽契合的论述，这实际上可能已经是事实了（Spracklen, 1995; Pringle & Markula, 2005）。

111　　从这项新研究中可以清楚地看到，橄榄球联盟的意义（它的规范和价值、它的神话和传统、它的象征性边界）同时受到少数族裔球员的参与的挑战，并由它对男性霸权的承诺来维持（Edwards, 2006）。在后一点上，事情越是变化，它越是保持不变，这并不令人惊讶。20世纪90年代的橄榄球联盟研究表明，橄榄球联盟作为一项运动，很重要的是让男性成为保守的、异性恋的、具有攻击性的男性，并炫耀他们的身体素质和力量（与橄榄球联合会的比较见 Pringle & Markula, 2005）。通过北方英式橄榄球联盟表达出来的工人阶级、异性恋、身体的阳刚之气似乎在伦敦少数族裔球员的阳刚之气结构中得到了复制：所有这些地方的橄榄球都是由工人阶级男性主导，由工人阶级男性观看，由工人阶级男性管理。在这种复制中，新的研究也表现出一种延续种族体质的刻板印象与神话的倾向。

然而，该运动中的归属协商表明，没有什么可以阻止非英格兰北部的球员成为橄榄球联盟的一部分。橄榄球联盟在全球30多个国家开展，这推翻了只有英格兰北部男子才能打比赛的说法。尽管英格兰持续存在着低级的种族主义，但本研究中的南部少数族裔球员还是选择（运用交往理性做出决定）留在橄榄球联盟中，因为它给予了他们归属感和展示自己作为少数族裔男性地位的机会。在这个意义上，伦敦球员正在挑战根深蒂固的白人性和黑人劣等的观念（束缚在橄榄球联盟意义中的工具理性），并提供了身份认同形成和抵抗的反霸权故事（Carrington, 1998; King, 2004）。橄榄球联盟在伦敦提供了归属和排斥的场所（Hylton, 2005），但对谁属于、谁不属于的掌控不再是白人守门人的特权：在远离北方之处，橄榄球联盟想象的共同体的制约（或者，用哈贝马斯的话说，该运动的工具性）是缺席的，伦敦的少数族裔球员能够用他们自己的术语来界定该项运动，远离白人性的传统。

法国的少数族裔橄榄球联盟球员

15 名法国少数族裔橄榄球联盟球员接受了采访，探讨他们与橄榄球运动及其被想象的和想象的共同体的关系（Spracklen & Spracklen, 2008）。在某些情况下，关于橄榄球联盟和法国西南部农村、工人阶级文化的认同感延伸到对第二次世界大战中橄榄球联盟历史的认识。四名球员谈到了维希政府禁止橄榄球联盟，还有两名球员在讨论橄榄球运动的独特历史和特点时也间接提及了这一点。直接谈到维希政府禁止橄榄球联盟的四人将禁令与西南地区更为广泛的压迫以及橄榄球联合会与法国白人实权派之间的联系关联在一起，萨乌特（Saouter, 2000）和法索勒特（Fassolette, 2007）对橄榄球联合会与法国白人实权派的联系进行过清楚的阐述。一名球员称："橄榄球联合会也是禁止我们运动的幕后黑手，他们继续把我们当垃圾。"另一名球员指出："吉卜赛人被同一个（维希）政府围捕……我的祖父母被维希警察围捕。"在巴黎和北方，反对维希、反对法西斯主义、反对橄榄球联合会、反对法国白人共和派实权派的斗争，仍是一场尚未完全公开的斗争，也是一场仍在进行的斗争（Falcous & Silk, 2006）。另一位曾在法国军队中打橄榄球的受访者暗示，"即使在军队中，也有很多关于战争的事情不会被提起"。如斯尔维斯坦恩所认为的那样，法国性是由白人性、世俗主义和国家进程严密勾勒出来的，而这些又与20世纪法国政治中流行的沙文主义有关（Silverstein, 2004, 2008）。

　　球员谈到的种族主义经历削弱了橄榄球联盟作为他们所属的共同体的感觉。除一人外，所有受访者都详细谈到种族主义是更为广泛的社会问题，其中一些人承认法国的种族紧张局势加剧，以及法国南部民族阵线（Front Nationale）的存在。大家一致认为，民族阵线的存在加上心存不满的城市社区之中越来越多的排外和贫穷，这些都对法国的世俗理想和社会凝聚力的实际情况提出了挑战（Noiriel, 2001）。对一名阿拉伯球员来说，"种族和移民"是"工作中或酒吧里的日常讨论"。这位球员的一位白人好友也告诉他将投票给民族阵线，对此他表达了恼怒。另一位阿拉伯球员说，他注意到种族主义，"在工作中，当你要做一项工作，有人看到你是阿拉伯人……不是大多数人，但是偶尔有人看着你，几乎满是惊讶……有点不信任"。另一个球员觉得，种族主义针对的是更晚近来到法国的移民，他们遭受到"政治家和当地居民对他们的以偏概全"的看法。特别是对黑人和阿拉伯人球员来说，这种日常的种族主义使得他们建立混杂身份认同的努力变得更加困难，因为他们散居身份的他者性被关于他们的法国性的种族主义话语所具体化（Kemedjio, 2003）。对吉卜赛球员来说，尽管他们仍然坚持他们的法国性的中心地位，以及他们对法国性作为一种民族（工具性的？）身份认同的承诺，但是欧洲对罗姆人（Roma，译注：吉卜赛人的另

113

一种称呼）的排斥和种族主义的漫长历史使他们强烈地认同他们的吉卜赛身份认同以作为反霸权的、交往性的抵抗。可悲的是，种族紧张在来自非洲的（黑人和阿拉伯人）新移民和现有的法国阿拉伯社区（特别是世俗化的摩洛哥人）之间也可看到，而且，如一位受访者所说，也"在年轻的吉卜赛人和阿拉伯人之间"。这些在法国"主流"民族主义中被边缘化的（被洗白的？）群体之间关于民族定义的斗争，一方面显示了归属感的复杂性，另一方面也展示了边缘群体利用国家和被国家利用的方式（Wievorka, 2000）。

法国少数族裔橄榄球联盟球员的经历与斯普拉克伦（Spracklen, 2007a）采访的伦敦少数族裔橄榄球联盟球员以及早期研究中的英格兰北部少数族裔橄榄球联盟球员（Long et al., 1995; Long et al., 1997; Spracklen, 2001a）有相似之处，也有不同之处。英格兰北部橄榄球联盟表达的工人阶级的、异性恋的、身体的、工具性的男性气质似乎在法国西南部少数族裔球员的男性气质建构中得到了复制：这两个地方的橄榄球联盟都以工人阶级男性的神话化（浪漫化）身份认同为主导，其中工人阶级的男性气质是在想象的共同体中象征性建构的理想身份认同。在这种复制中，法国球员也表现出了一种倾向（Spracklen & Spracklen, 2008）以延续对种族身体素质的刻板印象和神话，尤其是在法国橄榄球联盟里围绕阿拉伯前锋的话语中。就其在建构霸权男性气质和公共身份认同方面的作用而言，法国橄榄球联盟与橄榄球联合会有着共同的用途（Saouter, 2000）。

但是，该运动中关于归属感的协商表明，没有什么可以阻止那些不是来自英格兰北部的球员（Spracklen, 2007a）或者不是加泰罗尼亚白人的球员成为橄榄球联盟的一部分。在法国，工具性的、国家规定的法国性概念，尤其是卡特里派（Catharism）［该地区白人、工人阶级村庄的历史中（再）虚构的反叛和抵抗传统（Bourdieu, 1980; Dine, 2001）］，使这一点变得更为困难——但颇具讽刺意味的是，该项体育运动在法国朗格多克（Languedoc）和普罗旺斯地区的阿拉伯人和吉卜赛人社区中已然成熟。这些社区拥有自己特定的历史，但对于阿拉伯球员来说，就像法国橄榄球联盟中的黑人球员一样，还额外有一个后殖民主义和背井离乡的故事塑造了他们的身份认同（Wievorka, 2000; Noiriel, 2001）。在法国，尽管对多样性和种族性的意义以及体育的作用（Ungar, 1996; Leff, 2001）持续存疑，但是关于什么是法国人的政治紧张关系（Kumar, 2006; Silverstein, 2004, 2008）并没有使橄榄球联盟在法国成为仅仅是排外和制造白人性的工具（Garner, 2006）。法国橄榄球联盟的地区性为少数族裔社区提供了一种可能性，即他们可以接受橄榄球运动，并通过混杂的，但是在法国民族主义意识形态结构之内的能动性，以多种复杂而又合理的交往方式使用橄榄球运动来界定他们自身与法国国家、法国性、（法国）西南地区以及彼此之间的关系。

114

结论

在所有这些研究中，在结构和能动性之间、在制约和自由之间的心理学和社会学空间中，身份认同是被建构的。在英格兰北部，尽管有超级联盟的工具性和职业主义的全球化倾向，但该项运动的一些支持者仍然坚持一种晚期现代身份认同，这让他们有了一个交往性抵抗的支点。但这种交往性的、民主的共同体在本质上也是排外性的、精英主义的［大家熟悉的英式反向势利主义（inverted snobbery），被英国六人喜剧团体蒙提·派森（Monty Python）在他们的小品《四个约克郡人》（*Four Yorkshiremen*）中狠狠地嘲讽过］。在法国，少数族裔球员与朗格多克和普罗旺斯的"十三人"橄榄球运动员（treizistes）之间的团结感更强，但法国国家的官僚化、工具化的（和正在工具化中的）理性否定了他们拥有混杂身份认同的更大自由。只有在伦敦和英格兰南部，少数族裔球员才能加入一种哈贝马斯式参与和行动的话语之中。

115

第六章 哈贝马斯的理论应用于文化

反思

挪威黑色金属乐队"骚乱"①（Mayhem）来到位于布拉德福德市中心边缘的里约（Rio's）俱乐部。极端金属乐迷们从整个英格兰北部各路赶来，他们被"骚乱"乐队的音乐所吸引，也被与其相关的谋杀和暴力的历史所吸引。这些人主要是男性的白人金属乐迷，留着长发，穿着黑色的乐队T恤，戴着饰钉和尖刺，在一些站在他们汽车旁边的人们的注视下，他们很有礼貌地等待着进入俱乐部去看那些挪威人。这家俱乐部正对着"孟买"（Bombay）百货公司的新扩建部分，那是一家以南亚为主题的零售店，还对着一座设在旧学校里的巴雷尔维（Barelwi）

---

① 译注：很多国外的金属音乐乐队并没有相应的正式中文名，本章根据乐队原名以及网络用法，进行音译或意译。

清真寺。汽车旁边站的男人都是亚洲人，年纪比这些白人金属乐迷们大，穿着西式和传统长衫裤（shalwar kameez）的混搭服装。在拐角处有一个当地政府资助的娱乐中心，由克什米尔社区的志愿者管理，他们就住在从夜总会往后延伸的阶梯街道上。

在俱乐部里面，没有任何迹象能够表明这里是布拉德福德。场地很暗，供应的啤酒是由一家跨国公司生产的，只有这些肤色苍白的人的口音能让人知道我们在哪里。我在人群中间，穿着不太夸张的金属音乐服装：我披着皮夹克，穿一件 T 恤，上面印着一个流行但安全的瑞典死亡金属乐队的标志。早在 20 世纪 90 年代初，"骚乱"乐队的吉他手就抨击过死亡金属乐队赶潮流，对死亡、撒旦不严肃。不过，那是在他被"骚乱"乐队的贝斯手谋杀，在大多数金属乐迷意识到这个圈子变得有多暴力之前，而我现在并不觉得有什么危险。我周围的大多数人都穿着黑色金属 T 恤，还有相当一部分人穿了全套黑色金属制服，子弹腰带、尖刺，最重要的还有黑白相间的尸漆。他们中的一些人看起来更像是獾，而不是恶魔。

有几个人，都是男的，穿着"黑暗"（Burzum）乐队的衣服："黑暗"音乐是瓦格·维克内斯（Varg Vikernes）的个人项目，他是"骚乱"乐队的贝斯手，谋杀了该乐队吉他手爱罗尼莫斯（Euronymous）①。自从维克内斯入狱后，他就成了"新纳粹分子""民族主义异教徒"，信奉自己的命运：他和"骚乱"

116

① 译注：Euronymous，本名 Oystein Aaseth，挪威"骚乱"乐队的吉他手。

乐队以及挪威黑色金属音乐圈的大多数人都闹翻了，这种分裂使得全世界的黑色金属乐迷们产生了分歧。但在布拉德福德这里，尽管有穿着"黑暗"乐队衣服的光头仔存在，但没有紧张感、危险感，只有一种集体团结的感觉，一种这里有归属的感觉，认为这是对抗着外面世界的其他地方。

随后，气氛改变。突然间，人群中响起了喧哗和嘲笑声。舞台上，出现了一个巡回乐队管理员。但观众并不是因为他而兴奋，而是因为他拿着的东西而兴奋：那东西看起来是一个刚从某家肉店拿来的猪头。他把猪头展示给观众看，观众们又嚎又叫，然后他把猪头插在舞台前的一个尖刺上。人群期待地喘着气，穿着"黑暗"乐队衣服的光头仔们纷拥向前。就在这时，甚至在我还没有看到"骚乱"乐队的歌手用刀子切下猪头扔给人群之前，我就意识到这个音乐、这个部落、这个地方，是非常真实的。我选择了来这里，就像人群中的其他人也是如此。我们都是消费者，表达我们对休闲的选择。但身在这里又引起了另一个问题：为什么是这个，而不是其他某个东西？

理论框架

休闲的批判研究探讨过休闲活动建构身份认同、归属和排斥的方式（如 Woodward, 2004; Urquia, 2005; Scraton & Holland, 2006）。本内特（Bennett, 1999a, 2001）和柯亨（Cohen, 1991）

等文化理论家研究过年轻人消费的流行音乐中内在的反叛和酷的矛盾。黑色金属音乐提供了在这个新部落框架内继续研究的一个机会（Bauman, 1992; Maffesoli, 1996; Bennett, 1999b）；不过，本章打算批判性地分析黑色金属音乐圈内的消费性话语（Poster, 2004），以阐明本书开头所讨论的与休闲研究作为一门学术学科的历史相关的认识论问题：自由与制约的问题。

117　　正如本书前半部分所论述的，自20世纪70年代帕克和罗伯茨的工作以来，休闲研究的范式就一直在努力解释休闲作为自由行动、休闲作为制约这一看似矛盾的问题。一方面，"密尔的幽灵"使人类行动者有无限的机会在一系列道德和社会义务中表现自己的个性。另一方面，"马克思的幽灵"指向一个被意识形态的烟幕所掩盖的社会不平等框架，我们在其中默默地消费着面包和马戏团。虽然在20世纪之交的休闲理论家们，如罗杰克（Rojek, 1995, 2000, 2002），已对休闲悖论提出了后现代的回应，但本章的目的与上一章相同，也显然与本书的其他部分相同，是要在尤尔根·哈贝马斯的社会理论著述的基础上，继续发展出和应用关于休闲的一个理论框架。具体来说，哈贝马斯的交往理性和工具理性理论（Habermas, 1981: 1984, 1981: 1987）被提出来作为一种将休闲理解和定义为（交往性）行动和（工具性）消费的方式。本章将哈贝马斯的理论应用于分析一种特殊的商品化的休闲形式——极端黑色金属音乐，以表明我们可以尝试将这类休闲形式理解为抵制被动消费与建立和哈贝马斯的市民社会相关的新共同体和新社会身份认同。通过将消费的理论使用限制在与工具理性相关的行动和实践上，我们会看到休闲的后马克思主义和自由主义叙述是可以调和的。此外，我们还会看到，由于保留了现代性作为当代社会的一种解释工具，休闲的后现代叙述可能会被致命地削弱。在这样使用哈贝马斯理论的过程中，我们可以认为，继阿多诺和葛兰西的悲观主义之后，休闲批判研究可以而且确实应该作为一种手段来辨别和理解工具理性在社会和文化中日益增长的主导地位，因此而得以维持。

方法论

除了对圈子内部的、人种学的反思（Hodkinson, 2002; Urquia, 2005），我对黑色金属音乐的批判话语分析所使用的材料是在两个为期十周的时间里收集的，我观察并记录了一个黑色金属音乐网站论坛上的评论（Spracklen, 2006, 2008a, 2008b），并且以与黑色金属音乐乐迷的六次非正式的半结构化访谈的人种学工作作为补充。这种在线收集数据的方法遵循了霍德金逊、海恩以及金山的工作（Hodkinson, 2002; Hine, 2000; Kanayama, 2003），利用网上公开可获得的话语来确立理解和身份认同是如何被表征及建构的。该论坛的网址是 www.blackmetal.co.uk，是一个可以公开访问的论坛。对圈子的了解使这个论坛成为英国

118

及国际黑色金属音乐乐迷使用英语讨论音乐及其周边文化的重要线上空间（Hodkinson, 2002）。该论坛有对注册会员开放的私人空间；经过思考，我决定不使用这些私人空间的材料，因为这个研究项目是为了理解黑色金属音乐的公共话语，以及理解在论辩圈子和音乐的"本质"时这种理性是交往性的还是工具性的。同时，研究范围限制在公开的帖子和讨论中也避免了许可权的伦理问题。

黑色金属音乐的历史

韦恩斯坦恩、沃尔瑟和哈里斯（Weinstein, 1991; Walser, 1993; Harris, 2000）等研究者详细研究了重金属音乐作为一种流行音乐流派的历史。这种音乐对商品化的局外人的身份认同的建构（Bennett, 2001）、对霸权阳刚之气的遵从（Spracklen, 1995, 2005）及其已经全球化的和正在全球化的吸引力（Harris, 2000）是显而易见的：从"黑色安息日"（Black Sabbath）到"金属乐队"（Metallica），到"三艺"（Trivium）和"大开杀戒"（Killswitch Engage）等新一拨的团体乐队，重金属音乐在全球化的娱乐产业中已经扮演并将继续扮演重要角色（Roberts, 2004）。

今日关于黑色金属音乐的意义和合理性的当代争论，部分是由于对黑色金属音乐起源的分歧形成的。本内特（Bennett,

2001）和哈里斯（Harris，2000）认为黑色金属音乐起源于20世纪90年代早期的挪威圈子，以"骚乱"乐队及其创始人爱罗尼莫斯为基点（Vestel，1999）。正是这个圈子，以其对严肃性、风格和精英主义的严格规定，催生了黑色金属音乐在20世纪90年代作为地下精英的滋长。但是，爱罗尼莫斯和这个圈子的其他音乐人也在对极端金属音乐圈——死亡金属音乐——表示反对，他们认为死亡金属在音乐和意识形态上均已破产，并且受惠于音乐产业（Moynihan & Soderlind，2003）。挪威黑色金属音乐圈试图回到他们所认为的更为纯粹的、非商业化的、撒旦式的重金属音乐，如"毒液"（Venom）乐队和"巴托里"（Bathory）乐队①所体现的：

> 正常的金属音乐不再流行了。现在所有的孩子都在听死亡金属……（我们打算）做一家店，所有的潮流人都知道他们能找到所有的潮流音乐。这会帮助我们赚到钱，这样我们就可以为邪恶的人订购更多邪恶的唱片……我们已经想到了（商店）里面要弄成全黑的，这样大家就必须拿着火把才能看到唱片。（Euronymous，引自 Moynihan & Soderlind，op. cit., pp. 64-65）

① 译注：乐队英文名为 Bathory，据称来自人名 Báthory Erzsébet（1560—1614），她是匈牙利的一位女伯爵，她被软禁后逝世，后来文学作品将其描绘为进行血浴以保青春的吸血鬼女伯爵形象。

　　尽管黑色金属音乐的"第二拨"集中在挪威，但地下极端金属音乐共同体的磁带交易网络和爱好者杂志（Harris, 2000）使得黑色金属音乐的意识形态和风格成为全球化的，虽然这只是在一小撮音乐人和爱好者的圈子里。紧接着与挪威黑色金属乐队相关的教堂纵火浪潮，主流金属音乐发行业开始对黑色金属音乐乐队作为一种极端的、精英主义的运动感兴趣。反基督的陈述被审查，挪威警方开始调查音乐人。随后，"骚乱"乐队的爱罗尼莫斯被杀害，警方逮捕了瓦格·维克内斯。不久，另一位黑色金属音乐人，"帝王"（Emperor）乐队中的"浮士德"（Faust）因谋杀一名同性恋者而入狱，他的同队成员萨摩斯（Samoth）等人在承认了一些教堂纵火的行为后被抓捕（Vestel, 1999）。这些犯罪成为了全球头条新闻（Harris, 2000），虽然这些罪行最初对黑色金属音乐界的影响是负面的，但其长远影响却使得黑色金属音乐对寻找最极端的重金属音乐的年轻人产生了吸引力（Moynihan & Soderlind, 2003）。

　　爱罗尼莫斯的被害和瓦格·维克内斯的被捕也导致了黑色金属音乐的断裂。维克内斯在审判中表达了"新纳粹""北欧异教徒"的信仰，在拒斥了"骚乱"乐队的撒旦主义后，他大量参与极右的种族主义政治。在他的带领下，许多黑色金属乐队和乐迷拒绝了撒旦的形象，接受了公开的民族主义或更微妙但同样精英化的浪漫异教信仰（romantic heathenism）（Vestel, 1999）。但是，其他乐队仍然忠实于爱罗尼莫斯和"骚乱"乐队的撒旦、厌世的样板，拒绝与主流重金属的任何联系。

在英国，黑色金属音乐一直处于极端金属音乐共同体的边缘，直到与挪威圈子有关的犯罪和小报关于有组织的撒旦主义的头条激发了金属迷和音乐人对这种音乐的兴趣。英国乐队"污秽摇篮"（Cradle of Filth）靠着小报上的报道和恰逢其时地对挪威黑色金属乐队"帝王"的支持建立起了一段职业音乐生涯。但他们很快就改变了自己的音乐风格和形象，变得更容易被音乐媒体所接受，也更听从商业走向，而同时还保留了通过耸人听闻的策略（shock tactics）来销售唱片的能力。在一段时期内，"污秽摇篮"使用了黑色金属的标签，并为阅读金属音乐周刊《哐啷》（Kerrang!）①的英国青少年定义了黑色金属音乐。但在远离头条的地方，真正的黑色金属音乐地下组织正在成长中。

自1994年维克内斯入狱以来，黑色金属音乐在很大程度上仍然是重金属音乐中的一种地下现象，与小唱片公司、爱好者杂志以及后来的在线论坛和网站相关。只有少数乐队，如"不朽"（Immortal）、"黑暗城堡"（Dimmu Borgir）和"萨堤尔圣像"（Satyricon）在重金属音乐中成为知名乐队，并在商业、营销和制作方面采用了专业态度；但正如我们将会看到的那样，他们作为黑色金属乐队的地位本身就受到了黑色金属音乐共同

①　译注：Kerrang! 是英国"鲍尔传媒"（Bauer Consumer Media）公司出版的一本每周发行的摇滚音乐杂志。杂志名 Kerrang! 指砸坏电吉他时发出的声音。

体内部人士的质疑。

作为精英抵抗的黑色金属音乐

近几年来，我对黑色金属音乐及其核心的精英主义意识形态充满了知识和美学上的好奇。黑色金属音乐不是那么舒服容易听的音乐。其歌词往往无法辨认，没有任何节奏可以跟着来个舞蹈，甚至因为双低音鼓所打出的冲击波速度，连甩头都来不及。参加音乐会、听这种音乐的人，都是被黑色金属音乐相关的意识形态以及它所给予的感觉所吸引的。在黑色金属音乐会上，很明显地，那里的大多数人都是白人，而且是男性（Bennett, 1999a），但年龄比主流金属迷稍大。这些人并不是传统社会学意义上的精英，但通过来到黑色金属音乐会，通过观看"骚乱"乐队将猪头扔进人群，或观看来自"解剖"（Dissection）乐队的约翰（John）召唤撒旦，或观看"马杜克"①（Marduk）乐队以全身尸漆和尖刺出现的戏剧性表演，黑色金属乐迷们与那些被主流社会认为有威胁或恶心的事物联系在了一起。虽然有各种各样的黑色金属乐队，包括像"芦迪卡拉"（Ludicra）和"伊珀尔森林"（Woods of Ypres）这样唱着正

---

① 译注：乐队名 Marduk，Marduk 乐队有"战争机器"之称，他们的作品主题充斥着战争。Marduk 被认为是古代苏美阿卡德时期的战神、巴比伦城邦之神、古代巴比伦人的主神。

面信息的乐队（据说甚至还有基督黑色金属乐队），但大多数卖
唱片和在金属音乐场馆巡回演出的乐队都坚持一种伪尼采式的
寓意，即比他人的优越、自我价值和精英独特性的优越：

121

　　女巫带着遗忘的愉悦

　　听见北方风暴的骄傲

　　一片北方天空上的全胜景象……

　　亵渎的灵魂

　　听见缠绕的吟唱

　　我们是北方天空的一道火光

　　下一个千年是我们的

　　　　　　（《北方天空的一道火光》, Darkthrone, 1991）

　　黑色金属乐队在定向上是国际化的，但他们所传达的信息
却是民族主义或个人主义的；不过在黑暗的演出中，在志同道
合的厌世者的陪伴下，乐迷们可以忘记圈子的暧昧，假装成他
们自认为的超人。

　　在"英国黑色金属"（www.blackmetal.co.uk）的公开论坛
上，很明显，大多数发表评论的人都将黑色金属音乐视为超出
了正常受人尊敬的社会界限的东西。在一个关于瓦格·维克内
斯出狱后到访英国的可能性的讨论中，发帖者对主流白人工人

阶级文化大多不屑一顾，并将其对归属的遵从和被动接受与黑色金属音乐的精英个人主义进行了对比。正如一个帖子所声称的那样："黑色金属音乐是为'智识精英'准备的，因此小混混（chavs）永远不会听它……"（Diabolical, 21/11/2005）。发起讨论的帖子以此开始：

> 如果他来英国，我想他会震惊的，因为我们称作小混混的那个混蛋的社会阶层的人……可能他们中的一个会对某个"该死的溜滑板的"大喊大叫，而不知道那个"该死的溜滑板的"是瓦格，最后结果肯定会很惨。（Valtam, 20/11/2005）

紧接着，瓦尔泰姆（Valtam）就对他自己及黑色金属音乐圈与工人阶级白人的"小混混"亚文化之间做了一个区分（Nayak, 2006）。但是在他的帖子中还有另外两个主题。第一个是精英主义的主题：激怒瓦尔泰姆的是可能会被误认为是一个溜滑板的，这也是青少年亚文化的一员，可能也会穿着黑色的衣服，但这不会是黑色金属音乐精英的一员。第二个主题是复仇的幻想：瓦格·维克内斯代表所有的黑色金属音乐乐迷杀死了一个小混混，而这些乐迷因为他们穿的衣服、留的长发和听的音乐曾遭受过凌辱。这个主题被另一个帖子跟上，批评白人和黑人工人阶级青年的暴力本质，然后似乎没有意识到而有些

122

反讽地问道："为什么不是有更多的黑色金属战士团体放火烧夜总会常客的汽车，反过来，用更有意义的方式攻击人？"（Lesh，23/11/2005）

其他人则质疑瓦格是否会来英国，因为英国的城市是"多元文化的重灾区"（abysmal_i_exist, 24/11/2005），这在为民族社会主义黑色金属音乐运动［以"化脓"（Nokturnal Mortum）等乐队为典型］辩护的发帖者与斥责瓦格的种族主义和谋杀爱罗尼莫斯行为的发帖者之间引发了激烈争辩。但即使是在某个帖子强烈抨击种族和种族区分的不合逻辑的地方，也还是有必要在黑色金属音乐内部保持一定的可信度和精英主义的立场。所以，一个叫百夫长（centurion）的用户的帖子，坚持认为种族纯属想象，是基于人类想要从差别中制造秩序的方式，在结束评论时宣称种族是：

> 常被异化的人类用作借口来拥有某种骄傲，而不是个人骄傲……哦，好吧，我承认一些民族社会主义黑色金属听起来不错，有一些有趣的异教意象。
> （centurion, 05/12/2005）

这个论坛上发布帖子，发表关于黑色金属音乐或特定乐队的言论都是由默会规则所统治的。当有人发布了一条关于2005年12月在英国巡演的"污秽摇篮"乐队的消息时，其他发帖者嘲笑其侵犯了构成黑色金属音乐的界限。论坛中的老成员似乎对这些评论进行了管制，并对这个流派的界限以及精英主义和抵抗意识形态的重要性做出了类权威的判断。例如，当有人问——对你来说什么是黑色金属音乐——论坛上最多产的评论者之一、一个叫约恩斯马克（Jonesmark）的会员，第四个回复了最初帖子，试图修正定义如下：

> 对我来说，首要的是音乐（句号），其次是意识形态和哲学立场。（Jonesmark, 09/12/2005）

123　　　虽然在两个月里，有148个帖子继续跟帖讨论，但是这场辩论本质上是关于音乐作为一种美学风格（冷酷、愤怒）和作为精英主义意识形态（撒旦的、异教的、厌世的、民族主义的）载体之间的关系和平衡。换言之，约恩斯马克一开始的介入已经把焦点限制在了沿着这些思路的辩论之上，这就强调了这种音乐的精英主义性质和这种音乐本身的性质。论坛的默会规则鼓励发帖者遵从精英主义的黑色金属音乐观，抵制由劣等人和劣等态度定义的主流："黑色金属音乐是一种音乐的和意识形态的形式，将我从现代生活的羊群中区分/分离出来……"（Nelly75, 14/12/2005）

作为新部落的黑色金属？

在本章开头对"骚乱"乐队演出的描述中，我指出了乐队T恤衫在划出黑色金属音乐共同体想象空间的界限上的重要性（Spracklen, 1995; Maffesoli, 1996; Bennett, 1999b）。在杂志、唱片封面和网站的乐队照片装饰中经常可以看到黑色金属音乐制服，脸上的黑白尸漆、黑发、黑唇色、黑牛仔裤、黑靴子、黑T恤、子弹腰带和带尖刺或饰钉的臂带：

> 只要你不知道我是谁，那尸漆就奏效了。
>
> （Nomadic, 30/12/2005）

但对于大多数粉丝来说，这种极端的装扮会因为需要穿过公共空间去看演出而受到影响，所以黑色金属乐迷正是通过穿着不知名的乐队T恤来标示自己的身份认同和新部落归属的（Bennett, 1999b）。例如，在选择穿着"黑暗王座"（Darkthrone）乐队或"奴役"（Enslaved）乐队的上衣时，一位黑色金属乐迷不仅是在与主流时尚做出象征性的割裂，而且也是在向其他金属乐迷展示他们对黑色金属音乐而不是其他形式的金属音乐的承诺。在我参加的演出中，我注意到穿着"内峨玛"[①]

---

① 译注："Nehemah"为苏美尔写法的"Lilith"，是犹太史中的女恶魔。

（Nehemah，一支不知名的法国乐队）T恤会引起年长黑色金属乐迷的认可和钦佩，而当其他人穿着"黑暗城堡"［Dimmu Borgir，签约于大型独立唱片公司"核爆炸"（Nuclear Blast）的一支挪威乐队，该唱片公司主要发行主流金属唱片］T恤走过时，是不会有这些表示的。

黑色金属音乐的一个重要方面是唱片封面的设计美学。在英国利兹一家名为"猛鬼追魂"（Hellraiser）的独立唱片店里，大量的重金属新唱片被陈列在墙上的架子上。黑色金属音乐新发行的专辑很容易在其他金属专辑中被认出来：很典型地，黑色金属乐专辑用单色配色方案、哥特式字体，乐队的名字通常被设计成无法阅读的样式。受异教或民族主义启发的黑色金属乐往往以召唤北方森林的封面为代表；而受撒旦主义启发的黑色金属乐可能会有更多巴洛克式的封面，灵感来自超自然的象征主义。

知道喜欢哪些乐队是有共鸣的和归属于黑色金属音乐共同体，及其新部落的重要内容。由于黑色金属音乐的地下性，黑色金属音乐通常不会出现在音乐电视台甚至音乐广播中。哪些乐队火、哪些乐队卖座、哪些乐队代表黑色金属音乐内部的哪种意识形态等知识来自极端金属杂志［英国的《恐吓者》（*Terrorizer*）和《零容忍》（*Zero Tolerance*）］和网站［尤其是小唱片公司，如"超自然音乐"（Supernal Music）］的评论；但同时也来自口口相传和诸如"英国黑色金属"（www.blackmetal.

co.uk）这样的在线网站。在这里，对那些接近商业主流的乐队表现出的任何兴趣都会遭到无情嘲讽，而发帖者则通过对全球各地不知名乐队的名称调查来证明自己的黑色金属音乐资质。例如，一支名为"树木"（Drudkh）的乌克兰异教黑色金属乐队，由民族主义乐队"仇恨森林"（Hate Forest）的成员创立，是一支经常被帖子提及的乐队，以此展示他们对极端意识形态的承诺，以及对真正的、"狂热信仰"的黑色金属音乐共同体的象征中心的承诺："我不是白人，但我仍然可以欣赏到很多来自一些很棒的乐队的民族社会主义的黑色金属音乐（NSBM），比如'黑暗'、'坟地'（Graveland）、'树木'、'水晶之夜'[①]（Kristallnacht）和'化脓'（原文如此）……"（Dungarth Banshee, 04/12/2005）

"地女妖"（Dungarth Banshee）的这个评论开启了新部落的另一方面：其想象的或者说虚构的民族性（Spracklen, 2005）。重金属是白人的音乐（Weinstein, 1991），尽管有高知名度的黑人摇滚明星，如吉米·亨德里克斯（Jimi Hendrix）和菲尔·莱诺特（Phil Lynott），但是在西方，这种音乐总是与白人、男性、工人阶级社区联系在一起。论坛语言中彰显着对与霸权主义、异性恋阳刚之气相关的规范和价值观的信奉；不受喜欢的乐队

[①] 译注：该乐队名应该来自以下事件：水晶之夜（德文：Kristallnacht；英文：Crystal Night，又译帝国水晶之夜、碎玻璃之夜、十一月大迫害），是指1938年11月9日至10日凌晨，纳粹分子袭击德国和奥地利的犹太人的事件。

被贬称为同性恋，性别歧视和同性恋恐惧症的笑话和图片经常被张贴。黑色金属音乐的同性恋、超男性化特征并不那么明显，但在下面这种评论中雄性分离感和结合感得以传达：

> 我记得我读过罗布·达肯（Rob Darken）（波兰"坟地"乐队成员）的一篇采访，他说黑色金属音乐不应该被用来打动小妞们，而是该把她们吓走……如果我玩个节目，一些小妞们过来对我说她爱我的音乐，想更好地了解我，那么这就是最可靠的让我不想去多了解她的方法。（Nattestid, 02/01/2006）

在我参加过的演出中，即使有黑人和亚裔金属乐迷，也为数不多。"地女妖"的评论继续提及"在非常自豪于文化和传统和非常憎恨他人的文化之间的一线之隔"，帖子为他们的非白人性辩护，强调"我自己热爱这个国家，我爱它的中世纪历史，（我想知道）英格兰发生的一切"。在论坛上，这种白人性在很大程度上是默会的，但当极端民族主义者发帖，其他人对种族主义做出反应时，这种白人性就会显露出来。对于民族主义者来说，黑色金属音乐是一种完全由各种白人，北欧、欧洲精英排列组成的，并为他们服务的音乐。关于这种思想的言论经常频繁地出现，令人厌烦。当其他黑色金属音乐人抨击这种种族主义的时候，他们仍然以白人、欧洲中心主义的世界观来表达

125

他们的抨击，把民族性和异国他乡的他者混为一谈：

> 我毫不关心别人在空闲时做什么……（他们是否）
> 崇拜希特勒或是亚洲人（如果有的话，在像马来西亚
> 这样的一个国家里做一个黑色金属音乐人，冒着蹲监
> 狱甚至死刑的风险，这比在社会民主制的宽容的挪威
> 做一个黑色金属音乐粉更值得称赞）。（Arkeos, 14/12/
> 2005）

这种评论也反映了新部落内部的紧张关系，即黑色金属音乐的全球化性质和民族主义的意识形态，以及与之相关的对过去的浪漫怀旧之间的紧张关系。如果说这个圈子起源于挪威，那么它已经在极端金属音乐的磁带交易、全球化和商品化的背景下蔓延到了世界各地。在日本、土耳其、马来西亚和南美都有蓬勃发展的黑色金属音乐圈，有自己的乐队、唱片公司和粉丝。"英国黑色金属"（www.blackmetal.co.uk）论坛的发帖者来自世界各地，但他们对黑色金属音乐的理解却保持着一致。例如，一位来自秘鲁的发帖者将黑色金属音乐描述为"自在的事物；冷苛、原始、黑暗、尖锐、相当残酷和暴力"（Solid_Snake, 10/01/2006）。黑色金属音乐的国际化、全球化维度与这种音乐的狭隘民族主义观形成鲜明对比，民族主义观视角下， 126
"个人通过回归传统信仰来反对基督教帝国主义的挪威思想"

（scale, 10/01/2006）被视为黑色金属音乐精英主义的根源：

> 然后你可以戴着可笑的维京帽，对着索尔（Thor）
> 和奥丁（Odin）尖叫①。（Legato, 04/12/2005）

对于大多数在论坛上发帖的黑色金属音乐迷来说，黑色金属音乐就是不卖弄，不装腔作势，不做时尚的追随者，做反潮流的人，反对那些对精英主义和厌世主义不严肃的主流金属音乐。一个帖子呼应了"骚乱"乐队的爱罗尼莫斯在20世纪90年代初写下的警告，表明了对黑色金属音乐的承诺，因为死亡金属音乐"太正面和愉快了"（dsmolken, 12/12/2005）。归根结底，论坛上的黑色金属音乐迷们关注的是对黑色金属音乐的感觉或情绪的理解：在展示他们的理解当中，他们也表明了他们自身对新部落的共鸣和归属。所以在另一个关于黑色金属音乐意味着什么的跟帖中，约恩斯马克列出了：

森林

自然

蜡烛

满月

---

① 译注：Thor(索尔／托尔)和Odin(奥丁)是北欧神话中的神，Thor被视为雷神，Odin是主神，阿萨神族的众神之王，雷神的父亲。

橡木家具

雾

（Jonesmark, 16/12/2005）

其他的黑色金属音乐爱好者并不像约恩斯马克那样有把握
去寻找能够表达黑色金属音乐感觉和情绪的图像。"葛龙德"①
（Grond, 13/12/2005）尝试了"音乐和黑暗"，而其他一些人只是
建议"氛围"。但同样，论坛也被用来定义和划分这种情绪，并
教导新部落的新成员理解这种音乐。当然，一些发帖者也忍不
住攻击和讽刺黑色金属音乐、音乐风格、新部落和共同体。一
位发帖者认为，黑色金属音乐"被打扮得像一个努力不让自己
看起来像哥特的丧尸熊猫"（Mikeofdoom, 13/12/2005），另一位
发帖者写道，这种音乐是"给那些甚至都不够酷到可以玩《龙
与地下城》（Dungeions & Dragons）的怪胎的"（Nebelfrau, 21/
11/2005）。不过在论坛上黑色金属音乐的后现代玩闹并不主导
讨论。

127

黑色金属乐迷

本章的这部分总结一个小规模的研究项目，我与英格兰北
部的六位黑色金属乐迷相识并进行了访谈。其中三位是个人私

① 译注：Grond，托尔金（J. R. R. Tolkien）小说《指环王》里的虚构武器，破城锤。

下认识的，另外三位则是通过与前三位的交谈并找到我在音乐会时或在利兹和约克的"猛鬼追魂"（Hellraiser）金属／朋克商店看到的人的联系方式而确定的。所有六位黑色金属乐迷都是白人、男性，年龄都在20岁以上。他们中有一半有固定的女性伴侣——其中一人和他的女友一起参加了音乐会。这六个人都是黑色金属音乐的严肃消费者：他们会去看在北方各地和伦敦的演出［其中三个人分别南下前往观看由"光辉"（Shining）乐队担任主角的同一场音乐会，据说该乐队的主唱曾在瑞典的另一场演出中砍伤歌迷］，两个人是"猛鬼追魂"商店的常客，其中一位正是令我恼火的那个在一个周六抢先我一步去利兹商店买到那些稀有进口货的人。其中一位乐迷是黑色金属黑胶唱片的收藏家，搭建了一个过分庞大的黑胶唱片群，然后他把这些刻录到光盘上，在工作日播放。每个人都用互联网来购买唱片："超自然音乐"（Supernal Music）是一个他们都认可并使用的在线零售商（和地下唱片公司），其中有两位乐迷与它的老板亚历克斯·库尔塔吉克（Alex Kurtagic）建立了亲密友谊。事实上，库尔塔吉克一直是黑色金属音乐领域精英主义意识形态的掌旗手之一，通过他在《零容忍》（Zero Tolerance）杂志上的专栏，利用他的唱片目录来支持与民族主义、纯洁性和欧洲身份认同相关的革命保守主义观点，并通过他的唱片公司发行像"仇恨森林"这样的民族社会主义黑色金属乐队的专辑，这些并没有让我采访的乐迷们担心。米尔寇（Melkor）的日常工作是在传统左翼界的公共部门做事，他承认："亚历克斯发布的（写的）东西有很多让人紧张不安，当然，这些不过都只是挑衅。"

这次对黑色金属乐迷的研究中，一个共同的主题很快浮现，那就是对该流派的精英主义意识形态的严肃性有一种（某种）讽刺性的距离感。这并不是说我所采访的粉丝们都主动反对这些意识形态。事实远非如此：所有的人都同情这些意识形态的反基督教和反遵从，都在演出时戴着雷神之锤，表示对圈子的（斯堪的纳维亚的、北欧的、雅利安的?）不信教转向的共鸣感。他们都同意这样的观点：黑色金属不仅仅是音乐，这个流派的意识形态有一种独特的深度，远远超出了20世纪80年代如"毒液"这样的金属乐队的卡通式撒旦主义。其中一位乐迷"葛斯摩"（Gothmog）①甚至声称黑色金属音乐是"反对现代世界的一切，回到古老的神灵"。但他们都将黑色金属音乐视为某种发自肺腑的东西，是作为一种感觉或声音来享受的，而不是政治信仰的阐述。在这个意义上，这些乐迷与卡恩·哈里斯在对英格兰和以色列黑色金属音乐圈的人种学工作中所采访的人相似（Kahn Harris, 2007）。例如，"包格力尔"（Bauglir）②告诉我，黑色金属音乐是关于"侵略、黑暗、仇恨"的，但"反正你也看不出他们在说什么，所以他们唱的是什么并不重要"。另一位

128

---

① 译注：Gothmog，《指环王》中半兽人指挥官葛斯摩。
② 译注：Bauglir，"压迫者"，《指环王》中魔苟斯的别名之一。

黑色金属音乐人"格罗龙德"（Glorund）①则更精确，他告诉
我，总是"关于'金—属'（MET-AHL）"，再没有其他。对他
来说，作为一个重金属音乐迷，他在20世纪80年代中期的"鞭
挞时代"（Thrash Era）②就开始接触这种音乐，并且还在听和
（作为鼓手）玩各种极端金属，黑色金属只是重金属众多流派和
圈子中最金属的——最邪恶、最撒旦、最硬朗的。和其他老一
辈（超过30岁的）黑色金属音乐迷一样，他已从"炭疽"
（Anthrax）乐队和"大屠杀"（Megadeth）乐队的快节奏重金属
摇滚晋级到第一个"真正"的极端金属流派死亡金属，接着挪
威的黑色金属又让这个音乐圈黯然失色。因此，老一辈的乐迷
们在20世纪80年代后期一直处于死亡金属"磁带交易"圈的边
缘，并对"讣告"（Obituary）和"死亡"（Death）等乐队表示
了支持（Kahn-Harris, 2007）。当然，正如我已经提及的，挪威
黑色金属音乐圈谴责的正是这个死亡金属圈，认为他们对撒旦
主义不够严肃。"骚乱"和"帝王"这样的黑色金属乐队的试听
带的到来、"黑暗王座"从一个穿着松垮短裤和运动鞋的死亡金
属乐队到身着尸漆的怪物的转变、教堂焚烧和谋杀案的喧哗，
都确保了这些极端金属乐迷们了解了他们的卡通冈比式鞭挞
（gumby thrash）、装腔作势的死亡和真正的黑暗面音乐之间的

---

① 译注：Glorund, 格罗龙德，魔苟斯的巨龙——"恶龙之祖"格劳龙的早期名字。
② 译注：Thrash Metal（鞭挞金属，鞭笞金属或称激流金属），20世纪80年代的一
　种地下重金属音乐，通常具有吉他技术娴熟、节奏快而狠的特点。

区别。

这些乐迷们从黑色金属音乐中得到的是一种感觉，即这个圈子，尤其是它的音乐，表达了一些真实的（原始的）邪恶。魔鬼总是有最好的曲调：重金属，完全从"齐柏林飞艇"（Led Zeppelin）乐队的克劳利崇拜者吉米·佩奇（Jimmy Page）和"黑色安息日"的恐怖之锤戏剧表演的根源开始，一直在与黑暗和基督教的邪恶观念调情。黑色金属只是这种与邪恶、黑暗和反遵从关系的另一种迭代。米尔寇将之形容为"摆弄那些我们被告知是可怕的东西，只是为了从普通人这里得到反应……你不会变得比撒旦更可怕"。将普通人用作对比，典型地体现了黑色金属音乐中明确的精英主义和身体上退回到北欧白雪皑皑的森林和山区的个人主义，与让逾越行为得到承认的需要之间的紧张关系。所有的乐迷都表达了需要让他们的反建制、反现代、反基督教的音乐得到圈外人的反应来证明无辜：在讨论"黑暗王座"的诺克特诺·卡尔托（Nocturno Culto）自导自制的关于他在挪威荒野中的家的电影时，接受采访的年轻乐迷之一瑟（Thu）将卡尔托和他的乐队伙伴芬立兹（Fenriz）作了对比："黑色金属是关于抵抗的，而不是关于躲避的。芬立兹住在奥斯陆，四周都是一堆屎。这是让他愤怒的原因。这也是让'黑暗王座'成为一支真正的金属音乐乐队的原因。愤怒，还有当你从人们身边走过时，看着他们看你的脸。芬立兹走在街上。"

对这些乐迷们来说，黑色金属音乐类似于一个新部落，以

129

他们既能做到"真实"，又能意识到黑色金属音乐的玩闹性及它与其他极端金属音乐形式之间关系的存在。这些乐迷当中没有一个涂着尸漆和戴着尖刺在城里转悠，他们当中只有两个人曾穿着全套黑色金属音乐服装去看演出。但他们确实在公开场合穿戴过雷神之锤、黑色金属音乐T恤和其他极端金属饰品来表现黑色金属音乐。对于所有乐迷来说，黑色金属音乐标志着一个空间，在这个空间里，阳刚之气、个性和思想自由享有特权，凌驾于遵从和商品化之上。

民族社会主义黑色金属

2007年，我回到"英国黑色金属"（www.blackmetal.co.uk）论坛，进一步研究这个圈子的极端意识形态。我饶有兴趣地探索作为新部落的黑色金属音乐与作为白人性（Garner, 2006）和白人（种族主义者、雅利安人、异教徒）身份认同建构场所的黑色金属音乐之间的紧张关系。作为黑色金属音乐圈子里的人，我将利用自己对黑色金属音乐界的了解来观察一个讨论，即黑色金属音乐在线论坛上关于做一个（"狂热的"）黑色金属乐迷意味着什么的讨论。如前所述，民族社会主义是论坛上的粉丝们将之与黑色金属音乐相关联的四种极端意识形态之一——作为一种亚流派，它有自己的乐队，并借用了像"黑暗王座"这样的乐队在20世纪90年代初表达的对法西斯主义、白人至上主义和反犹太主义的一时之兴。

当我观察乐迷在论坛上的评论时，有四个跟帖引起了我的　　130
注意。第一个是关于法国一连串教堂纵火事件的讨论；第二个
和第三个是关于两支与民族社会主义黑色金属有关的乐队："荒
诞"（Absurd）和"树木"；第四个是关于民族社会主义黑色金
属音乐本身的。最后一个帖子被证明对该研究是非常及时和有
用的，因为这个讨论与论坛用户的一个匿名在线投票有关。
2007 年 7 月 10 日，经过不到一个月的讨论，在各种激烈的争论
式微后，这个投票显示大多数黑色金属音乐爱好者［54% 的受
访者（31 人，其中 $n=57$）］同意"黑色金属音乐中的民族社会
主义意识形态是愚蠢的"这一说法；只有 16% 的人认为这种意
识形态是"很棒的"，似乎是赞同这种音乐及其意识形态；14%
的人认为民族社会主义黑色金属音乐是"娱乐性的"，持有更为
矛盾心态的立场；11% 的人说黑色金属音乐"应该是坏的"，显
然支持民族社会主义黑色金属音乐是这个圈子挑衅性质的延伸。
此外，还有 5% 的人认为民族社会主义黑色金属音乐"只是有
点好玩"。这个在线调查，虽然明显不能代表所有的黑色金属音
乐爱好者，但却反映了民族社会主义黑色金属音乐在更大的圈
子中的模糊性，或许大多数人都认为民族社会主义黑色金属音
乐不过是一种过激的挑衅。同样有启发的是，在黑色金属音乐
中看到民族社会主义黑色金属音乐一席之地的人，并不自动与
它的白人（种族主义的、雅利安人的、异教徒的）至上主义、

浪漫民族主义政治学观点一致：11%的人认为民族社会主义黑色金属音乐是挑衅和反遵从的延伸；5%的人认为民族社会主义黑色金属音乐是对反民族社会主义黑色金属乐迷的一个大玩笑，那些人太把它当真了。

　　关于黑色金属音乐的这个帖子（"我们对民族社会主义黑色金属音乐怎么看？"）来自2007年6月15日一个叫"病态思想"（diseased mind）的人的原创帖子。这篇帖子值得详细引用，因为"病态思想"提出了一些清晰的论点，反对民族社会主义的正当性和它在黑色金属音乐中的意识形态影响。

　　　　我觉得民族社会主义黑色金属音乐是包藏私心的……我看到的问题是：（1）最重要的是，这是怀有政治动机的人对音乐圈的入侵，他们压根没有真正关心更为广泛的黑色金属音乐圈本身……（2）政治在一个专注于毁灭每个人的音乐形式中并没有位置……我没有将那些单纯写他们文化传统的乐队包括在内，虽然有相当程度的交叉，这当然是被……民族社会主义黑色金属音乐激进分子所利用的……（3）认为我们文化的消亡是社会某一部分人的错误的这种论断，再次与一种承认（并且经常庆祝）人类固有的自我破坏性的音乐形式不相容。民族社会主义是愚蠢的哲学，其中的历史是浪漫化了的……愚蠢的人存在于所有的种

131

族和文化中，大规模的全球选择性限量捕杀在纯粹逻辑上并不算坏事。民族社会主义的赞同者是最愚蠢的全部，所以从逻辑上讲，我们应该先从他们开刀。在黑色金属音乐中的民族社会主义激进分子是一种毒瘤，全面威胁着黑色金属音乐圈的长期健康，需要做体检。反正这是我的立场。我预计会有一帮潜水在附近的"新纳粹"主义的同情者就要咆哮了……不管怎么说，觉得看看有多少同情者vs被动接受者和反对者会很有趣。

这个原帖很有意思，因为"病态思想"断言黑色金属音乐在意识形态上是纯粹的厌世主义。对于"病态思想"来说，黑色金属音乐纯粹的厌世主义信息面临被一种基于（白人）种族至上主义的精英主义所吞并的危险——尽管他／她确实允许不信教的浪漫主义（为他们的异教／不信教的文化遗产写歌的乐队），只要这种浪漫主义［比如"奴役"乐队写了一首叫"793林迪斯法恩之战"（793-Slaget om Lindisfarne）的歌，颂扬维京人攻打林迪斯法恩的基督徒］没有溢出成为民族主义。"病态思想"批评这种种族至上主义是黑色金属音乐厌世精英主义的对立面：没有任何文化或种族或民族比任何其他的更好，因为整个人类都是垃圾。需要注意的是，"病态思想"很乐意批评民族社会主义的非理性的至上逻辑，同时又写道对蠢人的全球"限量捕杀"（讽刺的是，从"新纳粹"分子开始作为蠢人的典型例子）。还请注意的是，"病态思想"在帖子的最后表示这只是他／她的观点：明确地宣告了黑色金属音乐对个人性、言论和思想自由的承诺。

到2007年6月28日，这个帖子已经有133个跟帖，成为当年网站上最活跃的讨论之一。2007年6月16日晚上8点58分，在原帖发出后仅3分钟，就有人对"病态思想"的观点做出了第一个回应。发帖人"祈祷"（Invocation）在晚上9点03分补充了立场。他／她同意"一切"，但认为"纳粹们（原文如此）不会，且永远不会改变他们的观点"。"祈祷"的第二篇帖子补充说："'异教徒阵线'（Pagan Front）的目标之一是将所有撒旦主义从黑色金属音乐中移除。""异教徒阵线"是一个在黑色金属音乐中推动极右翼宣传的重要组织："祈祷"的评论表明了新纳粹分子被视为试图将黑色金属音乐与（鉴于他／她的名字和他们的评论，他／她大概认为这在黑色金属音乐中占有一席之地的）撒旦主义划清界限的一种方式。

在"祈祷"的评论之后，更多矛盾的评论很快接踵而至。一位来自美国的异教徒浪漫主义者发帖表示：

> 我觉得欧洲历史和异教真的很有趣，我喜欢乐队把这些东西融入他们的音乐中。我只在它转到搞希特勒崇拜时才觉得它变得很蠢，不过大多数有价值的民

族社会主义黑色金属乐队不会那么做。(jeffnogo, 16/06/2007)

其他一些帖子也提出了类似观点，将一些民族社会主义黑色金属正当化，认为是关于异教和地方性的（白人）身份认同的，反对支持德国和大屠杀的民族社会主义黑色金属音乐。

对"病态思想"的第一个挑战来自一名民族社会主义支持者，出现在2007年6月16日晚上10点43分。"喀尔巴纤地狱"（Carpathian hell）或许用了一个恐怖的名字，但他的评论为民族社会主义及其黑色金属音乐亚流派的目标和宗旨提供了辩护和支持。"民族社会主义黑色金属不是支持摧毁犹太—基督教政权吗？"他们争辩道，"民族社会主义黑色金属支持消灭所有'不纯洁'的人……支持摧毁某些东西的任何东西，至少在人类方面，就我而言，是受黑色金属音乐欢迎的。"在这里，"喀尔巴纤地狱"是把黑色金属音乐的反基督教与他们所谓的"犹太—基督教"宗教的一个更为宽泛的反对联系在一起，这种推断让反犹太主义被正当化为更为宽泛的反宗教辩护的一部分。"喀尔巴纤地狱"继续说：

> 黑色金属音乐需要盟友来实现它的终极目标，即毁灭全人类，毁灭所有像犹太—基督教一样的污秽。如果民族社会主义黑色金属音乐支持这个终极目标的

任何部分（他们确实支持），那么黑色金属音乐就必须接受这些盟友。就我所看到的情况而言，民族社会主义黑色金属音乐的团体，如异教徒阵线，有更多的真正机会……在社会上做出实际的改变……毁灭一些人（民族社会主义黑色金属音乐想要毁灭的人），或根本不毁灭人，哪个更好？

"喀尔巴纤地狱"的评论立马受到其他发帖人的批评。有些帖子认为黑色金属音乐的终极目标是关于音乐的："我先声明我不同意任何民族社会主义的意识形态，不过有一半的时间我压根不知道他们到底在搞什么东西，总之……压根不在乎，哪怕他们整夜在他们的卧室里正步走，只要别打扰我……给我一个好的曲子……"（www.no-necro-name.com, 16/06/2007）但有一个帖子，"克星"（Nemesis）对民族社会主义和民族社会主义黑色金属音乐进行了批判性的拆解，这导致"喀尔巴纤地狱"从公开支持新纳粹种族灭绝的立场撤退到试图将民族社会主义确立为一种真正的政治哲学的立场。但到了2007年6月17日，在这个跟帖的第20个帖子里，一些人开始用更为粗暴的语言为民族社会主义黑色金属音乐辩护："这是最好的，哈哈，蠢货滚蛋……"（Wehrwolf）在其他人继续试图通过将民族社会主义黑色金属音乐等同于言论自由和挑衅自由而为其辩护之后，"病态思想"和另一个反民族社会主义黑色金属的发帖人"百夫长"

最终陷入了与矛盾心理的或亲民族社会主义黑色金属音乐的黑色金属乐迷的多轮辩论战中。例如在后者这方，有人争论："你可以恨每一个人，但恨某些特定团体少些……一些人可能认可民族社会主义运动（不一定是白人至上主义运动），因为他们带来死亡的事实。"（schadel_reich, 18/06/2007）在接下来的几天里，随着更多民族社会主义黑色金属音乐捍卫者的出现，跟帖继续增加，但"病态思想"继续回答他们的评论。最后，当这个帖子的跟帖在月末逐渐减少的时候，民族社会主义黑色金属音乐的捍卫者们已经停止了发帖，更多的反民族社会主义黑色金属音乐的帖子出现了，还有一些人转移话题到了关于黑色金属音乐中缺乏非白人音乐家的讨论［以及黑人金属音乐家的存在，比如"神秘者"（Mystifier），和普什图黑人穆斯林金属乐手"塔阿玛"（Taarma）］。

这些跟帖和投票表明，虽然人们憎恶民族社会主义黑色金属音乐和这种种族主义在黑色金属音乐中的影响，但对于它是否可接受或正当，人们的态度既矛盾又含糊不清。哈贝马斯式的民主、交往的话语的性质，使黑色金属音乐受到这种影响。黑色金属音乐的紧张关系在我研究的其他三个跟帖中也很明显。

第一个帖子是关于"法国最近的教堂纵火事件"，始于2007 年 6 月 21 日 "ROBL250" 的发帖。他贴出了《长舌者》（*Blabber Mouth*）杂志关于布列塔尼九个基督教场地发生的一系列纵火和破坏事件的报道。《长舌者》杂志报道，一个名为"真

阿莫里凯人"（True Armorik）的黑色金属音乐组织声称对这些
袭击负责，并在这些场所涂鸦了"ABM"，"警方认为"这代表
着"雅利安黑色金属，一个与重金属音乐、异教和极右政治有
联系的撒旦主义运动"。虽然有一连串支持纵火的回应，但这个
帖子的主调很快就变成黑色金属乐爱好者对破坏的谴责。这是
由一个叫"盖恩达尔"（Gaendaal）的发帖者引导的，他认为：

> 破坏艺术是我能想象的最弱的反应……如果你烧
> 了一座教堂，那么你只是破坏了敬神的物理场所。对
> 于一个基督徒来说，这并不真的意味着什么。对于一
> 个历史学家来说，这意味着一切。黑色金属音乐是艺
> 术，不是流氓行为。（23/06/2007）

这种辩护通过"盖恩达尔"和"约恩斯马克"等其他人张
贴具有明显建筑价值的老教堂图片而得到了支持。对于这些黑
色金属音乐爱好者来说，老教堂代表着与（白人、欧洲）文化、
遗产和当地神话的联系，也是反对现代性的一种反应。就像
"盖恩达尔"在2007年6月22日指出的那样，"如果你想回到你
的异教根源，那就烧掉一家麦当劳"。

第二个和第三个跟帖是关于两个与民族社会主义黑色金属
音乐相关的乐队的新专辑："荒诞"（"Absurd‐15年之战，老
歌重录"，27/06/2007）和"树木"（"Drudkh下一张专辑预

购", 21/06/2007)。"荒诞"乐队最初是一支来自德国的种族主义、新纳粹朋克乐队，他们的主唱杀害了一个15岁的孩子。现在乐队进行了重组，风格更趋向于黑色金属，并得到了异教徒阵线的支持。对最初发帖的反应可以看出，反对民族社会主义黑色金属的乐迷、支持民族社会主义黑色金属的乐迷以及认为一切都是关于音乐和表达自由的乐迷之间的分歧。例如，当一个乐迷说："早期的'荒诞'很棒……人们讨厌民族社会主义黑色金属只是因为他们是愚蠢的羊，觉得他们讨厌坏的东西就是深刻的。"（blackpower, 04/07/2007）另一个回答说："不要告诉我你是简单和肤浅的……大多数人讨厌大部分的民族社会主义黑色金属音乐，讨厌'荒诞'，因为它是艺术上毫无价值的垃圾。"（centurion, 04/07/2007）

"树木"乐队是一支乌克兰异教黑色金属乐队，其主要成员之前也是民族社会主义黑色金属乐队"仇恨森林"的乐手。当最初有帖子宣传"树木"的新专辑时，引起了两个对民族社会主义黑色金属音乐持批评态度的人的回应。之前民族社会主义黑色金属音乐帖子的发起人"病态思想"很快就指出了"树木"与"异教徒阵线"以及"仇恨森林"的联系。另一位发帖者"坦塔罗斯"（Tantalus）嘲讽了"超自然音乐"公司的亚历克斯·库尔塔吉克，称专辑豪华版的高价是由于对"所有致力打倒ZOG（新纳粹主义者对秘密的犹太阴谋活动所使用的代号）的人的附加费用"（21/06/2007）。同样，许多黑色金属乐迷说 135

他们会购买这张唱片，尽管对乐队的意识形态打一个问号（特别是歌词从乌克兰原文翻译过来后，似乎并没有明显亲民族社会主义）。当"树木"的粉丝声称乐队"没有参与'异教徒阵线'……'异教徒阵线'与'树木'完全无关……我以前去踩过点……这个豪华版的钱没有一分会流向那些民族社会主义组织"（Kveldulf, 24/06/2007），情况就变得更加扑朔迷离了。当"病态思想"试图让大家意识到"异教徒阵线"正在积极支持新纳粹激进主义时，一位粉丝"瓦尔研磨机"（Valgrinder）问道："黑色金属音乐是关于仇恨和死亡的……那么为什么仇恨，比如犹太人，是一件坏事呢？"（23/06/2007）所以，哪怕即使"树木"乐队不是"民族社会主义"者，他们的乐迷当中也有人是。

结论

　　黑色金属音乐可以被理解为一种自我指涉的共同体，或者说新部落，在其中行动是交往的。根据哈贝马斯对交往理性和行动的定义，即民主的、公共的和非等级的（Habermas, 1981: 1984），我们可以把黑色金属音乐共同体内的行动和言语作为交往理性的代表开始分析。黑色金属音乐反对主导西方社会的工具理性：它反基督教、反国家、反商业化。在谈及黑色金属音乐时，论坛上的发帖人热衷于把黑色金属音乐的公共性、民主性与主流的、商品化的企业摇滚世界区分开来。黑色金属音乐是存在于传统的或现代的社会结构之外的，而它的意义和目的是言语与论辩的对象（Habermas, 1981: 1984）。甚至与黑色金属音乐相关的民族主义和极端主义特征也可以被视为意义设置上言语与行动的自由主义本质的例子：这里没有官僚制度、等级结构以去除或强制推行这种极端主义，而且反讽的是准许这样的极端主义繁荣却不受指责。黑色金属音乐的本质属性是个人主义。所以个人选择消费黑色金属音乐是作为一种方式来表达他们的个人性、表达他们克服工具理性并对消费和休闲做出有见识的、文明化的选择的能力。

　　然而，在很多方面，黑色金属音乐也可以被理解为一个重申工具理性、提倡休闲和消费的工具性行动的场所。无论黑色金属音乐中的个体如何看待这种音乐的本质、社群和流派，在商品化与全球化产业中，它仍然是一门在市场中运作的生意。黑色金属音乐不是一种在自由环境下现场演奏的群体音乐。黑色金属音乐是西方化的商业流行音乐与摇滚乐产业的一部分，这个产业已经将自身影响施加于世界的其他地方，如此黑色金属音乐再现了支配该产业的工具行动。音乐被录制和售卖。新部落的象征性边界由诸如唱片、T恤和粉丝杂志等商品的消费所塑形。小唱片公司、专业商店和网站迎合并促进了商业产品的需求。人们以黑色金属音乐讨生活。最为成功的黑色金属音乐乐队被职业经纪人预订去大型跨国集团所有的场馆举行巡演。没那么有名的一些黑色金属音乐乐队则发布新闻稿，建立网站，

136

上传音乐文件。黑色金属音乐远不是真正民主的、公共的和自由主义的，而是可以被认为是由与音乐生意相关联的工具理性所统治的，以及由起源于在晚期资本主义阶段存续的欧洲民族国家的民族主义争论中的精英主义意识形态所统治的（Habermas, 1998）。

对黑色金属音乐的这一概述揭示了休闲悖论，但按照哈贝马斯的说法，我们可以开始看到，悖论或许终究没有那么可怕。如果"密尔的幽灵"还在我们身边，那是因为我们可以将黑色金属音乐的消费理解为一种以交往理性为前提的行动。如果"马克思的幽灵"还在我们头顶徘徊，那也是因为我们可以把黑色金属音乐的消费理解为一种以工具理性为前提的行动。那么，看似悖论的东西，是通过两个认识论框架来理解人类行动的：两种理性。对哈贝马斯来说，黑色金属音乐可能会听不下去，但至少他可能会看到通过他的交往性和工具性行动的框架，矛盾如何能够得到调和。休闲对于市民社会的建构和维持是非常重要的（Habermas, 1983: 1990），市民社会建立在交往理性、民主和理性自由的基础之上；但与此同时，休闲也成为个人通过（与全球化的资本主义和国家相关联的）工具理性来说服自己只消费适合这些工具性存活的东西的地方（Habermas, 1981: 1987）。对于休闲理论家来说，这种框架似乎可能是理解休闲真正是什么的一种方式，以及为什么它是一个正当的、学术界感兴趣的主题。此外，后现代对休闲的叙述可能会被哈贝马斯式

框架致命地削弱，这个框架明确地保留了现代性作为当代社会　137
的解释工具（Finlayson, 2000）。所以黑色金属音乐终究是高度
现代性的一个产物，而不是后现代变革的一个结果。我们可以
看到，这样运用哈贝马斯的观点，如果我们要理解现代性、市
民社会、交往行动和工具性消费之间的关系，休闲学科是必不
可少的。继阿多诺和葛兰西的悲观主义之后，休闲批判研究可
以而且确实应该作为一种手段来辨别和理解工具理性在社会和
文化中日益增长的支配地位从而得以维持。　138

第七章　哈贝马斯的理论应用于旅游

反思

我们在海滩上懒洋洋地度过了炎热的一天，感觉大半个欧洲北部的人都跑来这里了。茶点（tea）（其他更为高雅的人士可能称之为"晚宴"或"晚餐"）我们吃了正宗的英式孟加拉咖喱，然后逆着刚开始出去吃饭的荷兰人和德国人的人流，走过小镇。此刻我们正坐在"涡轮"（Turbo）摇滚酒吧里，这家酒吧位于大型旅游胜地大加那利岛①（Gran Canaria）普拉亚戴尔因格莱斯（Playa del Ingles）的"古堡"（Kasbah）商业中心。音响系统正在播放的是一个来自柏林的工业金属乐队"德国战

---

① 译注：Gran Canaria，大加那利岛。大加那利岛最早的居民是关契斯人（Guanches），大约在公元前500年来到岛上。15世纪，卡斯蒂利亚王国宣布拥有大加那利岛，目前该岛属于西班牙拉斯帕尔马斯省(Las Palmas)。

车"（Rammstein）的音乐，酒吧里的摩托车骑手们正在甩头嚎叫欣赏。

加那利群岛的历史是一部关于侵略、种族灭绝、剥削和贫穷的历史。在大加那利岛的首府拉斯帕尔马斯（Las Palmas）老城区里有一座博物馆，试图说明该岛在欧洲人到来之前的关契斯人（Guanches）居民的文化和生活方式（www.elmuseocanario.com/index.html）。博物馆并不在旅游线路上——拉斯帕尔马斯在该岛去普拉亚戴尔因格莱斯的另一端，前往首府的旅游大巴车停靠在城市的购物区。踏上这样的行程后，我们足足花了30分钟才穿过这个城市找到这座博物馆，即便那时，我们也还要等到漫长的午休结束后才能进入博物馆。我们大巴车上的其他人都没能接近这个地方，当我们到了的时候，我们是博物馆里仅有的来自欧洲北部的游客。这里有现代感十足的展览和日常生活的复原，陈列柜里还有在很多考古遗址中发现的人工制品，但令人最为印象深刻的是专门展示人类体格学的展品。摆满一整间屋子的是一组上千颗的关契斯人头骨。关契斯人是西班牙人在中世纪后期入侵和殖民这里时最初用来描述加那利群岛上土著居民所使用的名字。导游们在前往内陆山区的旅游大巴上也正是用这个名字来描述这些人的，大多数旅游指南书和通俗历史中也是用的这个名字。博物馆的网站设计者也许意识到了这个名字的殖民起源，现在提及博物馆的主题仅仅称为加那利人（Los Canarios），一个模糊的、不太冒犯的用词。但是，这

139

间放着上千颗头骨的房间仍然提醒着人们现在已经被视为耻辱的种族差异的概念。正如网站上对这个展示所说的：

> 按照加那利博物馆创始人的展示标准，在该房间内展示着人类学遗骸。这里有上千个加那利人，它们和其他骨头一起证鉴了原住民的人类学特征。这些早期定居者在公元前500年后从北非来到群岛，并带来了他们自己的文化遗产，以应对岛上生活的特殊挑战。（http://www. elmuseocanario. com/siteing/plantillaset. html）

博物馆对这一人类体格学的种族"法则"的展览几乎是抱以歉意的，而网站也以隐约地提及博物馆创办人的意愿来为继续展出这上千颗头骨做辩护。但是博物馆的网页设计者还是继续声称这些头骨为"原住民"的身体（种族）差异提供了明确证据。这与人体测量学并无二致，即测量加那利人的大小和形状以寻找种族特征，这种"研究"正是塞缪尔·莫顿（Samuel Morton）和其他19—20世纪的种族科学家不光彩的工作的核心（Gould, 1992）。站在这个房间里是一种奇怪的体验：他们都来自哪里？这些人是谁？为什么某个西班牙种族科学家觉得有必要在一个地方收集这么多头骨？博物馆的其他部分则关注以一种更为同情的方式来描述加那利人，显然这是为了对那种殖民主义、种族主义和种族灭绝的暗示起到平衡作用。

在"涡轮"摇滚酒吧里，德国摩托车骑手似乎并不太关心殖民主义、种族主义和种族灭绝的故事。他们中的一些人看起来像是喝了一整天的酒就要倒下了。他们中的另一些人正从"涡轮"摇滚酒吧敞开的窗户里看着站在阿拉伯花纹庭院对面"莱因克尔"（Lineker）酒吧外的英国女孩子们。在普拉亚戴尔因格莱斯这样的地方，慵懒的民族主义和猜疑一如既往地凸显出来："莱因克尔"酒吧是为英国人准备的，荷兰人有一个"雷鬼"（Reggae）酒吧，而德国人和芬兰人，还有一些当地的金属音乐迷们，则在"涡轮"摇滚酒吧。我们也是金属音乐迷，所以我们忘了英伦特质。不管怎样，我们在"涡轮"摇滚酒吧，觉得比在"莱因克尔"酒吧更自在。

几杯啤酒（Cervezas）和几杯奇怪的甜酒下肚后，我和一位摩托车骑手聊了起来。他为他的朋友们的喧闹道歉，并解释说他们都是来喝酒和认识女孩子的。他告诉我们应该听德国"在极端"（In Extremo）乐队的音乐，当我们问他这乐队唱的曲子是什么样的时候，他说他们演奏风笛和其他中世纪的乐器。我们对这种组合感到困惑，但这位摩托车骑手坚持认为他们的音乐很棒，甚至试着让酒吧的工作人员播放，但酒吧除了标准的全球性名号［"金属"乐队（Metallica）、"杀戮者"乐队（Slayer）］和欧洲金属乐标准音乐［"烈焰"乐队（In Flames）、"雷神之锤"乐队（Hammerfall）、"德国战车"乐队

（Rammstein）〕之外，没有任何其他音乐。摩托车骑手很失望，但还是为我们写下了乐队的名字和乐队的网站。他问我们来自哪里，当我们说英格兰北部时，他笑着说他去过苏格兰，那是他在这个世界上最喜欢的地方。他去那里是因为他喜欢那里的乡村，喜欢那里的威士忌，喜欢那里的风笛，喜欢那里与英格兰斗争的历史（我觉得他认为英格兰北部就是苏格兰，自始至终我都没有纠正他的错误观念）。对他来说，这是欧洲最后的粗犷本真的地方之一，一个他可以去的地方，那里有城堡、有山、有传统。我意识到，他所到访的是一个特殊的苏格兰，一个受德国民谣金属音乐激发的地方，而德国民谣金属音乐的风笛和身穿苏格兰短裙的主唱，又受到了梅尔·吉布森（Mel Gibson）那部很糟糕的电影《勇敢的心》（*Brave Heart*）中反英格兰情绪的强烈影响。在普拉亚戴尔因格莱斯，他是一个醉醺醺的摩托车骑手，吃着薯片，打着架。但在苏格兰，他可以是威廉·华莱士（William Wallace）。他可能会嘲笑从普拉亚戴尔因格莱斯到复原的关契斯人村庄的大巴旅行，但他确信部落花纹格子呢的真实性和苏格兰高地上他的真实体验。

引论：少许威士忌

近年来，旅游研究作为一门学术学科，已经从更为笼统的休闲学科中脱离出来，成为一个受人尊重的批判性和职业性研究领域。尽管如此，旅游仍然属于休闲的范畴，旅游产业也是休闲产业的一个重要部门（Roberts, 2004），也是对休闲生活和生活方式做社会学分析的场所（Rojek & Urry, 1997; Aitchison, 2005, 2006; Rojek, 2005b）。尽管可能有充分的专业理由来说明旅游学为什么已经自立门户，有自己的课程、院系、协会和期刊，但将旅游学的学术研究置于休闲中仍然有一个令人信服的理由。本章中，我将论证，形形色色的旅游研究不仅为休闲研究者提供休闲理论有力的实证依据，而且还表明了休闲在我们的社会世界中持续存在的重要性。度假概念本身、空间和地点的位移、非惯常的一种节奏，都是个人对现代性在其私人自由上的挑战的回应。所以，我遇到的那些德国摩托车骑手在普拉亚戴尔因格莱斯的酒吧里看到了约翰·沃尔顿（John Walton）在20世纪的布莱克浦（Blackpool）发现的酒和性的阈限空间（Walton, 2000）；就像这样，我发现自己在一个寒冷的秋日，坐在办公室，看着雨滴打在窗户上，我（以我的中产阶级的、健康的生态狂热的左翼自由主义方式）想象着我与苏格兰山坡和苏格兰威士忌酒厂的下一次交融。我们都在行使一种选择权。德国摩托车骑手想用汉堡城（Hamburg）的灰色街道换取加那利群岛的蜿蜒小路，换取仿制的东方阿拉伯宫廷式（Casbah）的光影斑驳的砖瓦，以及它的街头、灯光、路灯酒吧的许诺。我想逃离委员会决策和评估策略的压力，想逃离通勤车厢的气味，给自己找一个有石楠、岩石和"布赫拉迪"

（Bruichladdich）威士忌的地方。

但我们都被旅游业的局限所困。普拉亚戴尔因格莱斯是一个丑陋的地方，与苏格兰西海岸和"威士忌旅游线路"（Whisky Trail）虚幻童话故事（Gold & Gold, 1995; Martin & Haugh, 1999）一样不真实。位于艾莱岛（Islay）的"布赫拉迪"是威士忌旅游线路中一个高贵的例外，它在自己的蒸馏厂里酿造、发酵成熟并装瓶威士忌。在同一座岛上，威士忌行业最大的跨国公司"帝亚吉欧"（Diageo）经营着"拉加维林"（Lagavulin）和"卡尔里拉"（Caol Ila）。尽管这两款威士忌的口感都很好，但这两款威士忌主要是在远离艾莱岛的某个不知名的工厂里进行发酵成熟的，并像大多数单一麦芽威士忌一样，在距离酿酒厂数百英里的地方装瓶。尽管如此，这两个酿酒厂都有访客中心，导游会告诉你，威士忌在哪里发酵成熟并不重要。即使是"布赫拉迪"，尽管它公开展示了当地社区的传统和忠诚，也要靠世界各地的人接受这种想法，以及喝上一大杯。反过来说，艾莱岛的旅游业也依赖于这同一批喝威士忌的人前来朝圣。因此，威士忌对该岛来说是一门大生意，"夏洛特港"（Charlotte Port）酒店与它在"波摩"（Bowmore）的那些竞争对手展开争夺以证明它在威士忌体验中的重要性：在其持有者的网站上，它自夸"公共酒吧提供优质的酒吧午餐和晚间酒吧餐，拥有世界上最好的麦芽威士忌供您品鉴"。（http://www.milford. co.uk/scotland/accom/h-a-1729.html，29/09/2008）该酒店是苏格

142

兰威士忌之旅的其中一站，在夏季的周末，哪怕在公共酒吧用餐都必须提前预订，因为威士忌游客们要与代表着艾莱岛其他旅游顾客的观鸟者和步行者一起争食。

在艾莱岛之外，威士忌产业以不同寻常的方式向国内和国际旅游业界展示自己。19世纪末，英美小资产阶级对白兰地的喜爱因葡萄连年歉收而受到影响，自此，苏格兰威士忌作为独特的正宗品牌而被成功推广。威士忌制造商看到了市场的空白：在维多利亚女王（她自己也喜欢喝威士忌）的带领下，对高地的重塑推动了这股热潮（Pittock, 1995）。威士忌，这种古老的苏格兰和爱尔兰农村穷人和城市工人阶级的饮品，摇身一变登上大雅之堂。伦敦中产阶级的口味认为单一蒸馏厂生产的麦芽威士忌大多过于刺激；替代性的谷物威士忌，制造成本低得多，而且是在巨大的工厂里生产的，却毫不辣口。因此，19世纪末的威士忌销售商决定将两种产品混合起来，使用少量的单一麦芽威士忌为廉价的谷物威士忌添加一些味道，同时使用谷物威士忌使麦芽威士忌保持足够的温和，以满足大众市场的需求。由此产生的混合酒，如"尊尼获加"（Johnny Walker）、"教师"（Teacher's）、"威雀"（Famous Grouse）等，在经济上取得巨大成功，在巨大的利润空间和对本真性宣称的加衬下，品牌威士忌混合酒在20世纪遍布全球。它们是全球化的预告者，但同时也是虚构传统的老酒瓶。除了"格兰菲迪"（Glenfiddich）外，单一麦芽威士忌在21世纪的大部分时间里都无法在这些全球市

场上竞争。但单一麦芽威士忌对混合酒来说很重要，所以跨国
公司之间对生产这些酒的酿酒厂进行买卖，以维持或改变其混
合酒的口味来适应全球的不同市场。

20世纪下半叶，随着西方化的精英对全球化和商品化的反
动，这些单一麦芽威士忌开始被认可为比混合酒更加正宗。一
些小企业出现，它们买下多余的单一麦芽威士忌存货，然后出
售瓶装产品。起初，拥有许多单一麦芽威士忌酒厂的跨国公司
未能意识到对这些麦芽威士忌日益增长的需求（确实，一些单
一麦芽威士忌至今仍未在市场上销售）：例如，"帝亚吉欧"的
前身在1983年关闭了一些酿酒厂，其中包括艾莱岛的"埃伦
港"（Port Ellen）。但全球对混合威士忌的需求导致了全球对单
一麦芽威士忌的需求，"帝亚吉欧"现在通过精心推广其"经
典"的单一麦芽酒厂来培育对正宗的单一麦芽威士忌的需求，
所有这些酿酒厂都有访客中心和导游服务，以及来自那些主要
会被用作混合威士忌麦芽来源的酿酒厂或已经不存在的酿酒厂
的"稀有"麦芽酒的装瓶。例如，尽管"埃伦港"酿酒厂于
1983年关闭，"帝亚吉欧"仍在其遍布苏格兰的仓库网络中贮
藏了"埃伦港"单一麦芽酒的库存。这批存货得以存留是因为
根据法律规定蒸馏后的新酒发酵成熟为威士忌至少需要三年时
间，由于大多数单一麦芽酒的酒龄至少为10年，按照传统，所
有的酒厂老板都会存留数千桶威士忌，其中很多可能超过20
年。"帝亚吉欧"在其仓库帝国中拥有数以百万计的酒桶，并且

还有20世纪70年代末和80年代初蒸馏的"埃伦港"酒的充分供应。公司小心翼翼地限制这些存货向市场的释放，确保了对即将不复存在的事物的品位的高需求。

　　威士忌旅游已经发展成为苏格兰更大的旅游路线的一个既定部分，与其他国家的葡萄园和酿酒厂的游客中心相映成趣。这种发展一部分是因为混合威士忌的全球化，一部分是因为人们对真正的、所谓正宗的、单一麦芽的文化体验上的追求。"威士忌旅游线路"正是在此处变得不同寻常，因为游客们都想去参观自己最爱的威士忌的故乡，不过混酿威士忌如果有故乡的话，那就是在炮制它们的巨大工厂里。但是到苏格兰旅游的游客们并不希望看到格拉斯哥（Glasgow）边上那种工业区里的大工厂：威士忌的故乡要想正宗，就必须得是河边或海岸边的一栋东倒西歪的老建筑，在那里，游客可以听到鬼故事和老工人用稻草戳穿桶塞偷喝新酒的故事。"威雀"混合酒的经营者发现参观单一麦芽酒厂的游客越来越多，于是决定在他们所谓的"威雀之家"创建"威雀"体验馆——"格兰塔雷特"（Glenturret）单一麦芽酒厂，该酒厂属于高地酿酒公司（Highland Distillers），即后来的"艾丁顿"集团（Edrington），后者拥有"威雀"混合酒和品牌。"格兰塔雷特"单一麦芽酒只是"威雀"混合酒的一小部分，但是在"威雀之家"的"威雀"体验却主导了酒厂，到访"格兰塔雷特"的数十万游客，脑子中想象着电视广告上那个滑稽有趣的动画"威雀"，想象着苏格兰和石楠，想象着在上一个大巴停靠点买到的格子呢包装的黄油饼干，似乎对这种本真性的虚构浑然不觉。

也许通过参观像"布赫拉迪"这样的单一麦芽酒厂，人们可以在"威雀"体验中感受到比寻常百姓（hoi polloi）更高的优越感。但不要被愚弄，"布赫拉迪"的持有者——哪怕算上复苏维多利亚时代酒厂的所有浪漫——并不是慈善家。他们激发了苏格兰威士忌行业的神话和花格呢图案，他们雇用当地人，并标榜避免使用人工色素和冷滤技术，但在每一个本真性和纯正性的宣称中，都有一个精明的财务计算。他们还有一个访客中心，你只要花钱进入那里就可以得到少许威士忌，如果你在商店里买一瓶酒，还可以享受折扣。

某个系统仍然存在，仍然有人在拿走我们的钱。这同时既是宣传册中传递的休闲商品化，也是上百部好莱坞电影中的自由梦想和开放道路的选择。旅游，则让我们回到了休闲悖论：它既是自由和选择，又是制约和商品化。我们已经看到了这一悖论是如何通过简单地采用哈贝马斯的两种理性来解决的，这两种理性在晚期现代性中争夺主导地位。那么，旅游在本质上是扩展哈贝马斯式框架的一个首要场所。最后一章的研究运用前两章的哈贝马斯式理论框架，探讨和分析关于旅游已发表的研究。旅游是休闲学科中已然研究兴趣激增、学科边界成形的领域之一。旅游的全球化和商品化，以及以寻求本真性为特点的对这些趋势的交往性的反冲，尤其是研究的兴趣点。

本真性

本学科中最有争议、也许是使用最为过度的分析框架之一就是本真性概念。正如麦坎内尔（MacCannell, 1973, 1976）的作品首次勾勒出来的那样，本真性即一个地方或经验中真实的或必不可少的东西，这是每个游客的终极目的。麦坎内尔认为，如同有着中世纪浪漫的现代骑士一样，游客在不断追寻一个本真的圣杯的过程中寻求一种满足感。对麦坎内尔和那些发展这一概念的旅游研究者而言，本真性既是对道德上美好事物的描述，也是为旅游业提供规范性框架的东西。这个概念在帮助研究者和理论家划分和理解旅游体验的多样性方面变得越来越强大。追求本真性的旅游以及目的地点的本真性，是有教化意义的，也是有利可图的；反过来，本真性使旅游研究者能够在以下两者中进行区分：大众消费的破坏性文化和经济行为，西班牙"科斯塔斯"（Costas）套餐式度假就是例证；旅行者更平等的文化的话语和交往，诸如寻找真实的西班牙。本真性的道德感顺利地消融在西方中产阶级的文化敏感性中：本真性是好的，因为它与全球化的同质化倾向背道而驰，因为它鼓励多样性与尊重，还有文化异质性。在这个意义上，度假变成了一种朝圣，或者说是一种学习经历，我们在其中（重新）确认了我们对多元主义的承诺，并作为个体成长（就像中产阶级在晚期现代性中作为个体成长的方式一样，这与生物学无关，而与大众心理学和大开幅的周末杂志的喋喋不休万分相关）。

　　这种本真性的概念，虽然被麦坎内尔和休闲研究者定位在旅游领域（Rojek & Urry, 1997），但也在艺术、历史和更为广泛的大众文化中有关美学和经验的类似辩论的核心处（McGuigan, 2006a）。事实上，本真性的问题涉及品位和高级文化：某物的真实性可能是它在时尚阶层中的地位的标志。因此，举例来说，在20世纪90年代，流行音乐从流行舞曲转向了以吉他为主的"非主流"的音乐形式，由乐队在演出场所演奏（Bennett, 2001）。这种转向是由于品位制造者寻求拒绝非真实的消费和商品化的人工制品转而欣然接受一些被认为更为真实和纯粹的东西的结果。同样，慢餐运动在西方的兴起、"球迷"拒绝英超足球而选择更低级别的俱乐部以及长途探险假期的增长中，审美转向本真性都是明显可见的。罗伯逊（Robertson, 1992）认为，这是消费者对全球化同质性的反应；阿帕杜莱（Appadurai, 1996, 2001）和布拉（Brah, 1996）则认为，这是全球混杂性的身份认同问题的一部分，混杂性撕裂了人们的历史，迫使他们寻找新的方式来理解和诠释自己的生活。西方如此之多的地方都是由商场、高速公路和通勤小镇组成的贫瘠荒地，西方拥有权力和财富的个人不可避免地利用这种权力和财富来寻找他们在家门口失去的本真世界。本真性在这方面就成为了关于失乐园的一种根深蒂固的神话，只有离开堪萨斯州（Kansas）的熟

悉路线，在彩虹尽头的某个地方去寻找，才能找到乐园。本真 146
性变成了龙之地、中土世界，只有在无人涉足的土地上，没有
西方的、没有全球化的低地的痕迹，游客才会得到满足。

　　尽管本真性以及对其的追寻在20世纪末的旅游研究议程中
发挥了重要作用（Rojek & Urry, 1997; Aitchison, 2006），但是这
一概念受到许多学术批评。王宁对宣称本真性为关键概念的旅
游研究文献进行了仔细分析，发现这个概念被随意应用，而且
含义多重（Wang, 1999）。本真性在太多不同的情况下，似乎有
太多不同的含义，不可能有一个统领性的元理论和分析框架。
此外，相关研究本身也分离出三个不同的学派或范式，在这三
者中，对本真性的意义和使用都做出了特定的假设。王宁在研
究文献中识别出与这些范式相关联的三种本真性的使用：客观
本真性，即（研究者）假定可以找到本真性质的一个外部标准
来判断某种旅游经验；构建性（或象征性）的本真性，即（研
究者）假定除了由旅游者及其关于身份认同、文化和地方的观
念所建构或塑造的本真性之外，没有任何客观的本真性标准；
存在性的本真性，即后现代的主体性观念认为本真性是一种活
动的存在性状态，即个人在其中努力追求自我实现。

　　王宁对本真性的批判是旅游研究中反对本真性的典型转向，
在斯坦纳和瑞辛格（Steiner & Reisinger, 2006）等人的工作中也
得到了回应。所有这些对麦坎内尔本真性概念的批评者们所反
对的是麦坎内尔对本真性的客观性的承诺。换言之，旅游研究

已经在一个后现代转向中，拒绝接受关于这个被称作本真性的东西的任何客观的或外部可验证的或好的看法。

旅游研究的后现代转向

旅游研究中对本真性的强烈批判是以社会学和文化研究中更为广泛的后现代和后结构性转向为前提的。按照王宁的类型学，他的构建性的本真性显然是建立在后现代主体性的本体论基础上的：并不存在真正的、本真的旅游体验，也不存在可以衡量这种本真性的对象。我们有的只是关于本真性和地方的叙述和故事，以及对符号构建和霸权的批判分析。旅游业成为消费陷阱的一部分，除了接受商业协议之外，无处逃匿，没有自由。因此，威士忌旅游者加入数百万计的朝圣者行列，使"威雀体验"成为本真的体验，在"格兰塔雷特"蒸馏厂看一个虚构的传统和想象的共同体的神话。苏格兰和苏格兰风格通过全球品牌的调解，以及它与石楠、高地苏格兰裙、部族花纹格子呢、风笛、哈吉斯（haggis；译注：羊肚包羊杂）和山脉的关系，被游客视为是本真的。没有另一个苏格兰，没有其他地方能提供比这更本真的事物来让我们体验。所有游客看到的是关于神话的调解，是关于本真性的神话；除非，游客能够通过一些据说反讽的、后现代凝视的镜头来看待这种体验。在此情况下，这种体验的虚假性因其庸俗的价值而被欣然接受和喜爱。

147

当然，这种后现代凝视本身就是后现代和后现代文化的产物：当所有的东西都是假的，假的就变成真的了（Eco, 1986）。于是，猫王（Elvis Presley）那座审美丑陋的"雅园"（Graceland）大宅，这个他在苦难的折磨中如后世圣人般死去的地方，成为了一个朝圣之地：这不仅仅是对爱上猫王的声音和臀部的粉丝们而言，而且也是对任何经过孟菲斯（Memphis）寻找本真的南方深处的人而言。和"雅园"一样，英格兰西北部艳俗的布莱克浦也是如此：约翰·沃尔顿很喜爱这个褪色的旅游胜地，缘于它的情趣用品商店、脱衣舞娘和单身派对（John Walton, 2000）。事实上，对布莱克浦这样一个地方来说，不真实和廉价也许是它唯一本真的地方：它的历史是一部阈限值和利润的历史。在我另一本根据兰开夏郡的一起谋杀案和橄榄球运动发展的真实故事改编的小说中，主人公汉弗莱·惠特尔（Humphrey Whittle）被布莱克浦的召唤所诱惑，将业务范围扩大到了旅游业：

> 在利奥告诉汉弗莱布莱克浦的扩张和在守夜节期间蜂拥而至的人群之后，汉弗莱想要投资新产业——旅游业，当时兰开夏的工厂和矿井都关闭了，工人们可以为所欲为……利奥告诉他们，沿着黄金海岸，在盐沼、沙丘和寒冷的爱尔兰海，这里可以赚到钱。每天都有人在布莱克浦铺设一条新路，划出土地，建起

148

　　一排排的房子，每一块砖头的放置都是要努力跟上增

长的疯狂……镇上的议员和知情者都说，到 20 世纪末

布莱克浦将覆盖整个菲尔德（Fylde）海岸，那一排排

的酒吧和房子一直延伸到地平线头上，望不到边际，

将南边北边的城镇村庄都吞没了。当汉弗莱听到这些，

他知道他们必须在布莱克浦进行投资，这将是一件必

然成功的事。（Spracklen, 2001b, p.79）

　　存在性的本真性亦是后现代转向的产物，也是王宁
（Wang, 1999）推荐的旅游研究方案中规范意义上的本真性类
型。在意义已经如此断裂的地方，除了人的行为的主体性，以
及自我实现的挣扎之外，什么都没有了。这就是后现代本体论
最个体化的表现：旅游者成为一个荒诞宇宙中的局外人，在这
个宇宙中，生命没有更广的意义，只有他／她所做的选择让他
／她有一些短暂的存在。这种存在主义的本真旅游主体类似于
加缪《局外人》（*L'Étranger*）（Camus, 1942: 2000）中的主人公
莫尔索（Meursault），一个慢慢意识到生活没有结构和目的、只
有自己的行为对生活产生逻辑后果的人。莫尔索是一个局外人，
因为他无法撒谎（比如为母亲的葬礼假装出恰当的情绪），而游
客因为其与断裂的、无意义的后现代世界的疏离，也是一个局
外人。正如王宁所言，依照海德格尔的看法，存在性的本真性
成为"存在的一种潜在状态，要通过旅游体验来激活……旅游

中的本真体验要在旅游的阈限过程中来实现这种激活状态的存在"（Wang, 1999: 359）。通过寻找阈限值越界的、加剧的、混杂的情境，旅游者在自我实现和意义的创制中找到某种满足（Reisinger & Steiner, 2006）。对许多旅游消费者来说，这种情境从目的地处于家庭与工作的规则的悬置匿名性中获得诸如，酒吧、夜总会和酒店的阈限值空间（Walton, 2000）。对其他人来说，阈限性表现在目的地的非现实性或超现实性中，例如迪士尼公司的主题公园（Baudrillard, 1986）。

因此，旅游中的存在性的本真性是对自我的物化（reification）：旅游的意义和目的变成了对一种活动的追求，这种活动能够实现我们对身份认同、地点和目的论的满足的追求，尽管这是短暂的。将苏格兰视为其精神家园的德国摩托车骑手在那里找到了存在的慰藉，也许就像珀斯格在湖边公路的转弯处找到了片刻的狂喜一样（Pirsig, 1974: 1999）。这可能是他生命中的一刻真实或心流（Csikszentmihalyi, 1990），在那里，所有工作和家庭的空虚感都被消解在自行车、道路、山和水的一体性中。赫伍德曾解释过这样的探险旅游如何可以通过高风险的挑战时刻来改变个人，在完成困难攀登的成功中提供某种自我实现的本真体验的机会（Heywood, 2006）。在这样的地方和这样的活动中，当心流和自由与兴奋相结合时，存在性的本真性就会达致。无论是规划攀登岩壁的路线，还是回家为前往朝圣地做世俗方面的准备，在这种自我实现中、在反思自己的能

149

动性中，具有一种诗意。我自己在各种山丘和荒原上的旅游漫步在本质上也是存在主义的：就像文艺复兴时期的人文主义者彼特拉克（Petrarch）一样，他自称是自古以来只是为了达到山顶的乐趣而爬山的第一人（Katz, 2007）。在高处，我发觉一种与自然合一的体验，某些超然的时刻，这些似乎是本真的。在山顶上，我对本真性的追求与浪漫主义的引力以及荒诞的存在乐趣相遇。

旅游研究中的本真性分析

为了解哈贝马斯如何帮助我们理解本真性，在本章的这一部分，我将分析四篇旅游研究论文。即使在其中一个案例中，本真性并不是作者理论框架的核心，这些案例研究都将被用来进一步探讨本真性这一概念。我将从三个以本真性为中心的研究开始。这些研究是关于美国原住民旅游艺术、朝圣者在朝圣者之路上的经历，以及凯尔特音乐节。最后一个案例研究则把全球视角带回我身边的世界，研究影视旅游在约克郡的兴起。

美国原住民旅游艺术

丸山等人研究了在新墨西哥州（New Mexico）制作旅游艺术作品的美国原住民艺术家对旅游艺术本真性的看法（Maruyama et al., 2008）。对艺术家来说，这种由本土艺术家为来到他们社区的外来旅游者制作的艺术作品是其宝贵收入和声望的来源。但当然，这些艺术作品中也同样嵌入了旅游、剥削和全球化的社会和政治结构（Appadurai, 1986）：西方对异国情调的、野蛮的他者的追求（Opotow, 1990）。丸山等（Maruyama et al., 2008）引用了纳尔逊·格拉本（Nelson Graburn）的工作，他是第一个研究这种本地创造与全球剥削或挪用的艺术形式之间复杂关系的旅游研究者（Graburn, 1976, 1984; Graburn & Glass, 2004）。其中涉及权力、所有权、地位和自由的问题。到发展中国家旅游的游客想带些东西回去，以显示他们对异国他者的熟悉，向他们发达国家的朋友证明他们有财富、时间和品位来欣赏和理解外国人的"本土"或"原始"艺术。旅游艺术是维多利亚时代人类学的提炼：就像大加那利岛博物馆里的头骨和陶器一样，旅游艺术作品被物化为对它们所代表的人的复杂社会和文化生活提供真实解释性洞见的东西。然后，旅游艺术给消费者带来的是一种本真的、现场的文化感，他们进入过并欣赏过这种文化。游客带回家的东西是他们认为真实的，比他们住的酒店或吃的饭菜更真实或更本真。

150

丸山等人（Maruyama et al., 2008）意识到对旅游艺术的批评，也意识到这种作品不应该被旅游消费者视为本真性的说法（Revilla & Dodd, 2003）。然而，在对美国原住民艺术家的研究中，他们发现，艺术家本人却持有不同的观点。对艺术家本人来说，即使作品不是按照可被构建为"传统"的设计而制作的，但通过制作方法，艺术就是本真的。对该研究中受访的艺术家来说，重要的是他们作为真正的艺术家的身份，在传统、文化和生活经验的框架内工作，但为了确保他们的艺术及其遗产的存续，他们对这个框架重新进行了设计。对艺术家来说，这意味着在保护、创新和通过出售作品而生存之间取得平衡的一种行为。正如丸山等人所报告的那样："艺术家们意识到，当代形式可能比传统风格对当前的观众更有吸引力，而生产更有吸引力的形式可以帮助艺术家增加销售，同时也能保持文化。"（Maruyama et al., 2008：460）那么，根据丸山等人的说法，通过针对外来游客及其信用卡的创新，并没有让人感觉到本真性的丧失。关于他们如何看待自己的作品属于一种本真的文化：美国原住民艺术家感到很自在，他们认为这种本真性和他们同游客进行的以艺术为生的商业交易之间并没有任何冲突。

　　艺术的本真性在于艺术家的能动性。按照哈贝马斯的观点，可以看出，艺术中的复制和表征的能动性是身份认同形成的交往行动的一部分。对于新墨西哥州的美国原住民艺术家来说，这种艺术不仅仅是满足游客消费者对"民族"手工艺品的需求：它是一种自我决定的表达。他们工作中的历史传统定义了他们作为美国原住民的身份认同，与失败和绝望的历史叙事相反。这种艺术是本真的，因为他们已经让它成为自己文化的一部分。这是一种理性选择的有意识的行为，是一种有关在设计之前接受多少创新后以及因此人工制品才变得不本真的共识。那么，

151

本真性就是一种交往理性的表达，这也是西方消费者寻求美国本土艺术家"真正"文化和艺术的魅力所在。这些游客消费者想要避免的是工具理性的虚假（ersatz）、非本真的胡说的影响。这也是艺术家们如此清楚自己作为感知本真性的中介者地位的原因。与他们的本土美国性相对的是工具性的强流：他们生活在现代性之中，他们需要以艺术为生，所以他们需要参与资本主义系统，他们需要调整自己的艺术以满足一种西方化的审美，同时保留足够的他者性以满足对异国情调的需要。

朝圣者经历

贝尔哈森等通过研究原旨主义基督徒在圣地的朝圣者经历来探讨本真性概念（Belhassen et al., 2008）。这些现代朝圣者来到以色列，寻求他们对信仰的肯定、对圣地神圣性的确证，并体验旧约和新约中重要事件实际的或认定的地点的现场感。研究表明，这些朝圣者确实找到了他们所要寻找的东西：对他们来说，圣地是一个真正神圣的地方，是一个能让他们感受到上帝和基督存在的本真的地方。在圣地，这些朝圣者感到他们的信仰得到了验证：对一些人来说，通过参与或见证对伊斯兰和非新教基督徒的阿拉伯裔以色列人的福音传播，他们信仰的新原旨主义进一步得到了验证。颠覆居民的传统信仰并为原旨主义神学的末世铺路，这是对上帝和基督教本真工作的验证。研究者们认为，这些经历的本真性最好通过一个他们称之为"神

域"（theoplacity）的概念来理解，即朝圣者的信仰、朝圣者游
览圣地的行为以及这些地点的社会和物理环境之间的一种连接

152　间性（inter-connecting）的关系。他们解释道：

> 物理环境、个人行动和经历以及社会意义汇合塑
> 造了福音之旅的本真性。如果没有这种交融，本真感
> 就不会那么强烈。换言之，仅仅依靠个体的人类意义
> 是不够的。像拿撒勒（Nazareth）和约旦河（Jordan）
> 这样的地方，其本真性不仅仅是关于个体的经历，也
> 还关于这些个人在一个物理地点的行为所显现出来的
> 社会政治遗产。（Belhassen et al., 2008: 683）

　　因此，这种"神域"将对本真性的一种理解考虑在内，即
承认社会建构、存在主义和对地点的客观描述。对于朝圣者来
说，圣地是一个神圣的地方，朝圣是他们信仰的本真表达。当
然，这种本真性与生活在圣地的穆斯林和犹太民族、巴勒斯坦
人和以色列人的被想象的和想象的共同体并不相适应，他们亦
提出了自己的强烈争辩的本真性主张。原旨主义的基督徒在伯
利恒或耶路撒冷的政治和社会动荡中寻求对基督徒生活的理解，
他们的到来也许只会加剧对使用权和所有权的争论。对于贝尔
哈森等来说，"神域"概念在允许神圣性和本真性的建构得以探
讨上是有用的。正如他们所认为的："如果没有对拿撒勒和客西

马尼（Gethsemane）等神圣地方的客观性质的信念，基督教朝圣者……就不会被吸引到这些圣地。"（Belhassen et al., 2008）

我们将哈贝马斯的分析应用到这项研究中，原旨主义基督徒在圣地中的存在很明显地表明了全球化的工具性资本主义的力量与方向。20世纪以及21世纪初的历史是与全球化和美国化相关联的历史。基督教原旨主义是美国化的产物，基督教朝圣者给以色列和圣地带来了有关本真性的一个固定的、教条式的解释。对于生活在圣地的人们来说，就像新墨西哥州的美国原住民艺术家一样，他们在如何应对和适应朝圣游客的要求方面有一种能动感。如贝尔哈森等所描述的那样，朝圣者和在这些地方生活或工作的人们之间就圣地的意义进行了一些交流和行动。例如，他们与伯利恒的巴勒斯坦基督徒或耶路撒冷的以色列犹太人在本真性上有些一致意见（Belhassen et al., 2008）。然而，在三种工具性世界观的交汇中，几乎没有什么是交往性的，虽然朝圣者们确信他们神圣经历的本真性，但对于这种本真性的普遍性或适用性，仍然存在着一种紧张。

凯尔特音乐节

麦济逊探讨了凯尔特（Celtic）音乐背景下的本真性，特别是在对参加一个苏格兰凯尔特音乐节的音乐游客的定性研究中（Matheson, 2008）。麦济逊有意调查凯尔特音乐有争议的意义和维度，以及这些事物与音乐本身的本真性问题和现场节庆体验如何相关。在处理凯尔特特性的本真性问题时，麦济逊的研究借鉴了商品化和后现代主义的问题：凯尔特音乐有多少可以归因于本真的凯尔特团体中未中断的传统，又有多少是传统和商业化的后现代混杂物，或者是现代性的虚构？民间音乐本真性问题导致了19世纪和20世纪对传统的虚构，以及意识到所有的音乐形式都在某种程度上根据时代的品位和市场的需求进行了重塑。至于凯尔特特性，从霍布兹泊姆和瑞恩哲（Hobsbawm & Ranger, 1983）的历史学著作到詹姆斯（James, 1999）这样的作家都有大量的文献表明凯尔特人的任何共同的文化身份认同都是一种虚构的民族性形成的产物（Balibar & Wallerstein, 1988），并被一层语言相似性的绿锈所覆盖。什么是凯尔特人，谁是凯尔特人？这是一个政治问题，有一个政治答案：因此，讲英语的苏格兰人与高地讲盖尔语①的人找到了共同点，他们认为英格兰人与格拉斯哥人之间没有区别；或者北爱尔兰的爱尔兰特性与天主教联系在一起，新教成为非本真爱尔兰人的东西。

麦济逊的受访者在音乐节上的音乐中，以及听音乐的体验中获得一些本真的东西。对一些人来说，音乐的表演方式有某种本质上的凯尔特风格：特殊的乐器，如风笛或锡哨；或富有感情的人声表演。这导致对音乐节上商业行为出现太多的抱怨，154 他们的音乐中的凯尔特风格不那么明显，一些受访者还指责音乐节因为接受创新和商业化的口味而变得不本真。对其他受访

---

① 译注：原书此处应是将盖尔语"Gaelic"错误地输为高卢语"Gallic"了。

者来说，音乐节的作用是通过他们对音乐的情感反应来获得自己凯尔特人的身份认同。一位受访者认为，要想被这种音乐感动，要想对它产生情感投入，听众需要有"一些凯尔特血液"（Matheson, 2008: p.69）。对其他人来说，对这种音乐的情感反应是成为凯尔特人的一种方式：建立他们自己的个人身份认同，作为凯尔特人的精神继承者，成为想象的共同体的一员。麦济逊认为，这是她研究的核心主题："情感维度在事件消费者（event consumers）理解这种音乐的本真性的方式中起着一定作用……它意味着对本真性的理论解读需要更为仔细地审视消费者对文化仪式和经历的情感依恋和反应"（同上，p. 70）。这当然可以被理解为交往理性在行动：哈贝马斯会认为，以试图通过凯尔特音乐和凯尔特旅游来界定身份认同的能动性，与这种音乐和旅游体验的商品化的工具主义结构并不矛盾。音乐节的受访者能够在音乐节的节目及其被控制和控制性的消费的限制中行使这种能动性，这个事实证明了人类理性的力量。

英格兰的约克郡

奥康纳等（O'Connor et al., 2008）探讨了旅游目的地作为由电影和电视节目发展而来的品牌在旅游业中日益增长的重要性，

典型的例子是新西兰作为托尔金①（J.R.R.Tolkien）中土世界的
强大品牌化（Jones & Smith, 2005）。上述研究者特别将英格兰
北部的约克郡（Yorkshire）作为由电影引发的旅游业案例来研
究，探讨该地区的旅游经济、旅游活动和旅游结构在多大程度
上与该地区的城镇和村庄作为电影拍摄地相关联。约克郡已被
广泛地用作电影背景：奥康纳等（O'Connor et al., 2008: p.431）
以《运动人生》（*This Sporting Life*）为开端，这部 1963 年的电
影基于大卫·斯托里（David Storey）所著的一本关于一名职业
橄榄球联盟球员生活的著作（Storey, 1960），该片使用了一系列
的拍摄地点，包括"瓦克菲尔德三一队"的主场和博尔顿修道
院（Bolton Abbey）的乡村野餐幽静地；最后以 2001 年的电影
《哈利·波特与魔法石》（*Harry Potter and the Philosopher's Stone*）
为结束，该片使用了北约克郡铁路保存下来的遗产路线来描绘
霍格沃茨（Hogwarts）学校火车站。研究人员的目录中还提及
了在约克郡录制的主要电视节目，它们每年为成千上万的游客
提供旅游目的地和品牌化体验：《爱莫代尔农场》（*Emmerdale*），
以约克郡南部某处一个虚构的村庄为背景，最初拍摄是在布拉
德福德附近的埃索尔特村（Esholt），后来改在庄严的哈伍德庄
园（Harewood House）的院子里搭建的户外拍摄场景；《万物既

155

---

① 译注：J.R.R.Tolkien, John Ronald Reuel Tolkien，英国作家、诗人、语言学家及
大学教授，以创作《霍比特人》《魔戒》（又译《指环王》）等经典严肃奇幻作品闻
名于世。

伟大又渺小》（*All Creatures Great and Small*），在真实的温斯勒代尔（Wensleydale）的阿斯克里格（Askrigg）拍摄；长篇喜剧连续剧《最后的夏日美酒》（*Last of the Summer Wine*），在哈德斯菲尔德以西的南奔宁山脉的霍尔姆费斯（Holmfirth）及其周边地区拍摄；还有可以说是约克郡最有名的电视剧《心动》（*Heart-beat*），该剧将北约克荒野的戈斯兰（Goathland）变成了一个虚构的20世纪60年代的艾登斯菲尔德村（Aidensfield）。

研究人员发现，约克郡"进一步证明了电影和电视连续剧能够对一个旅游目的地产生影响效果"（O'Connor et al., 2008: p.433）。这种影视旅游业具有明显的经济效益，特别是在像约克郡海岸与西约克郡和南约克郡的工业城镇这样的地方，那里的传统产业已经崩塌。研究者认为，这种影视旅游对于约克郡在英国和全球范围内作为一个有吸引力的、有趣的和便捷的旅游目的地来体现也是很重要的。约克郡作为一个旅游目的地，其管理者和推广者必须解决关于该郡的一些负面印象：本书前面提及的关于这个地方的作坊、矿井和吝啬的刻板印象；或者是另一种负面看法，认为该县潮湿寒冷，没有什么好的地方可以去吃一顿，只适合在山上发抖的满身泥污的羊。这些负面印象中的一部分被那些吸引人们来此旅游的同一批电影和电视节目所强化，这也是约克郡的旅游业至今仍在努力想要解决的一个难题。

作为生活在这些约克郡旅游目的地之一的人，我对此深有体会。每逢集市日，无论什么季节，我都能亲眼看到我的家乡对"爱莫代尔农场路线"上的一日游游客的吸引力：他们去过埃索尔特，去过哈伍德宅邸，去过博尔顿修道院，现在他们正把钱花在温斯勒代尔奶酪、炸鱼薯条，以及人工饲养的羊的羊毛茶巾上。一座大的马车公园，一家大的炸鱼薯条店，还有一座位于步行街尽头的城堡，这样的组合对于旅游经营者来说，实在是太美好了，他们不能错过。我所在的小镇十分依赖游客，而且在过去 100 年里一直如此。但一日游的游客带来了对某种约克郡类型的期待，一种由《万物既伟大又渺小》中的乡村田园风光或《最后的夏日美酒》中古怪的工人阶级喜剧所塑造的期待。他们不想知道这里毒品使用的普遍性，或轻微犯罪、季节性工作，还有作为社区的村庄随着度假小屋不可阻挡的蔓延而缓慢凋亡。奥康纳等人并没有讨论本真性，但很明显，游客们追求的是通过电影媒介所构建的一个本真的约克郡，他们似乎只对真实的地理上的本地性有兴趣，只要它能为他们脑海中建构的与电影有关的约克郡提供一些确证（O'Connor et al., 2008）。那么，影视旅游或许有利可图，但对于生活在约克郡的人们来说，却感觉是对这个郡的一种非本真的、工具化的、简化的神话的强加。如果说后工业化的约克郡的现实意味着欣然接受作为后工业化产业的旅游业，那么哈贝马斯的方法将表明，（本真的）约克郡特性与约克郡的空间和地方都需要通过与该郡所有利益相关者的对话和容纳，而不仅仅是通过品牌经理们的

156

战略规划来定义。

终末讨论：旅游业的未来和哈贝马斯式的方案

我们不需要太多逻辑上的跳跃就能够意识到，旅游业的全球化和商品化是哈贝马斯提出的理性工具化症候。当然，从某种意义上来说，旅游业一直是资本主义的产物，是现代工业化和现代性的休闲追求。旅游业起源于18世纪的休闲生活，这证明了资本主义机制在创造需求和市场方面的重要性。但是，例如当爱德华·吉本参观罗马时，目的地的可怜状况足以有力促使他去寻找能解释古罗马广场（Roman Forum）为何荒凉和毁坏的文学遗存。那么，在本源上，旅游业可以是启发的、教化的和交往的。只有在现代性的工业化地貌下，现代商业化的旅游业才会出现，由蒸汽机技术以及工作与休闲时间的客观化所加剧（Cunningham, 1980）。

旅游产业的工具性逻辑似乎不可阻挡，在20世纪的大部分时间里，对旅游业增长的批判性评论仅仅局限在绿色运动的范围和学术界之内。即使在旅游研究中，20世纪的大多数教学和研究也认为旅游业是一件好事，但这件好事需要更好地理解或管理以确保在不同的时间范围内获得物质或财务上的回报。只有到最近，人们才试图调查和批判性地分析对工具性商品化趋势的交往性反冲，这种反冲以追求本真性或追求可持续性为典 157

型。正是在这些方面，旅游研究可以为该行业的未来提供线索，而哈贝马斯方案则提供了答案。

旅游业中的本真性是我们可以看到交往理性在起作用的地方，个体在其中发挥能动性以试图挑战旅游产业的限制。游客对套餐式旅游手册或导游带队旅游的制约的不满，致使其再构建自己作为旅行者的身份认同，以寻求与目的地的本真互动。对商品化的不安导致个人从大公司转向小企业。行业通过品牌再造本真体验的诡计来作为回应，但这些做法总是受制于批评的张力。因此，"威雀体验"可能会吸引数十万顾客，但"威雀"背后的公司却觉得有必要装作自己的产品像单一麦芽一样在审美上是纯正的。在任何声称或挑战本真性的地方，我们都可以看到交往理性和工具理性的竞争。有些时候，工具性似乎说服了消费者，让他们以为有一个像爱莫代尔一样的村庄；而在其他一些时候，像美国原住民艺术家的能动性这样的交往行为则展示了一种折中或共识，保留了传统感与自我实现感。

158

第八章 结语

我们对三种休闲形式（体育、大众文化与音乐、旅游）的概述揭示了休闲悖论，以及以自由、制约或后现代剧本为任一前提的理论框架的局限性。然而，通过跟随哈贝马斯，我们可以开始看到这个悖论可能终究没有那么可怕。如果"密尔的幽灵"还在我们身边，那是因为我们可以把黑色金属音乐的消费理解为一种以交往理性为前提的行动。如果"马克思的幽灵"还在我们头上徘徊，那也是因为我们可以把黑色金属音乐的消费理解为一种以工具理性为前提的行动。那么，看似悖论的东西，是通过两个认识论框架来理解人类行动的：两种理性。对哈贝马斯来说，黑色金属音乐可能太过喧闹，但至少他可能会看到这种极端形式的流行音乐内部的矛盾如何可以通过他的交往性和工具性行动的框架来调和。橄榄球联盟可能会被哈贝马斯视为工具理性的一种更为正式的表达，就像他可能会这般看待所有职业体育项目一样：霸权男性气质、合理化和商品化的胜利。然而，即使在这种休闲形式中，也有一种方式可以通过交往理性来抵制这种工具性，无论是工人阶级的反叛叙事，还是伦敦的黑人青年反过来拒绝"北方"体育运动的白人性。至于旅游和对本真性的追求，哈贝马斯则会以更慎重考虑的方式来对其他文化和其他经历的交往愿望表示赞赏。

休闲对于市民社会的建构和维持是非常重要的（Habermas, 1981: 1984），市民社会是建立在交往理性、民主和理性自由的基础之上的；但与此同时，休闲也成为个人通过（与全球化的资本主义和国家相关联的）工具理性来说服自己只消费适合这些工具性存活的东西的地方（Habermas, 1981: 1987）。对于休闲理论家来说，本书中的框架应该是一种用来理解休闲的真正含义，以及为什么它是一个正当的、学术界感兴趣的主题的方式。

此外，哈贝马斯式框架可能会致命地削弱后现代对休闲的叙述，它明确地保留了现代性作为当代社会的解释工具（Finlayson, 2000）。所以黑色金属音乐终究是高度现代性的一个产物，而不是后现代变革的一个结果。同样，橄榄球联盟无疑也是已经全球化和正在全球化的，在鲁伯特·默多克的影响下，它显然是资本主义系统的一部分（Denham, 2004），但鲜有证据表明，与橄榄球运动相关的晚期现代身份认同的形成被后现代修补术（bricolage）所取代。在英格兰，成为橄榄球联盟的支持者仍然意味着成为一个工人阶级想象的共同体的一部分（Spracklen, 1996）。旅游业对本真性的追求，也可以被看作是在

159

一个工具化的资本主义系统中，非常现代的自由观念在发挥着作用。所以，虽然休闲正在全球化，但是其后现代转向的程度已被过度渲染。

　　以这种方式使用哈贝马斯的理论，我们可以看到的是如果要理解现代性、市民社会、交往行动和工具性消费之间的关系，休闲研究是必不可少的。继阿多诺和葛兰西的悲观主义之后，休闲批判研究可以而且确实应该作为一种手段来辨别和理解工具理性在社会和文化中日益增长的支配地位而得以维持。正如休闲作为一个有意义的、理论性的、框架性的概念；休闲批判研究则是一种有价值的智识和教学活动。休闲理论对于理解更为广泛的关于身份认同、后现代和全球化的争论是非常重要的。事实上，休闲是我们生活中自由与制约——能动性与结构、反抗与控制——之间紧张关系最为明显的部分，因此，随着世界及其各个社会变得越来越商品化和有序化，理解休闲就显得更加重要。按照哈贝马斯的观点，研究休闲行动可以帮助我们理解工具性控制和个人意志之间的冲突压力——在这样做的过程中，休闲批判研究可以而且应该继续在理解社会方面发挥核心作用。

参考文献

Aboulafia, M., Bookman, M. and Kemp, C. (eds) (2002) *Habermas and Pragmatism* (London: Routledge).

Adorno, T. (1947) *Composing for the Films* (New York: Oxford University Press).

Adorno, T. (1967) Prisms (London: Neville Spearman).

Adorno, T. (1991) *The Culture Industry* (London: Routledge).

Adorno, T. and Horkheimer, M. (1944: 1992) *Dialectic of Enlightenment* (London: Verso).

Aitchison, C. (2005) "Feminist and Gender Perspectives in Tourism Studies", *Tourism Studies*, 5(3):207 - 224.

Aitchison, C. (2006) "The Critical and the Cultural: Explaining the Divergent Paths of Leisure Studies and Tourism Studies", *Leisure Studies*, 25(4):417 - 422.

Anderson, B. (1983) *Imagined Communities* (London: Verso).

Appadurai, A. (1986) *The Social Life of Things: Commodities in Perspective* (Cambridge: Cambridge University Press).

Appadurai, A. (1996) *Modernity at Large: Cultural Dimensions of Globalization* (Minneapolis: University of Minnesota Press).

Appadurai, A. (2001) *Globalization* (Durham: Duke University Press).

Arai, S. and Pedlar, A. (2003)"Moving beyond Individualism in Leisure Theory: A Critical Analysis of Concepts of Community and Social Engagement", *Leisure Studies*, 22(3):185–202.

Bachelard, G. (1968) *The Philosophy of No: A Philosophy of the New Scientific Method* (New York: Orion).

Bacon, W. (1997)"The Rise of the German and the Demise of the English Spa Industry: A Critical Analysis of Business Success and Failure", *Leisure Studies*, 16:173–187.

Balibar, E. and Wallerstein, I. (1988) *Race, Nation, Class: Ambiguous Identities* (London: Verso).

Bamford, M. (2002) *Bamford: Memoirs of a Blood and Thunder Coach* (Manchester: Parrs Wood Press).

Barnes, B. (1977) Interests and the Growth of Knowledge (London: Routledge).

Bataille, G. (1933: 1985)"The Notion of Expenditure"in G. Bataille *Visions of Excess: Selected Writings, 1927–1939*, pp.

116‒129 (Minneapolis: University of Minnesota Press).

Baudrillard, J. (1986) *America* (London: Verso).

Baudrillard, J. (1988) *Selected Writings* (Cambridge: Polity).

Baudrillard, J. (1995) *The Gulf War did not Take Place* (Sydney: Power Publications).

Bauman, Z. (1992) "Survival as a Social Construct", *Theory, Culture and Society*, 9(1):1‒36.

Bauman, Z. (2000) *Liquid Modernity* (Cambridge: Polity).

Beal, B. and Wilson, C. (2004) "Chicks Dig Scars: Commercialisation and the Transformations of Skateboarders, Identities" in B. Wheaton (ed.) *Understanding Lifestyle Sports*, pp. 31‒54 (London: Routledge).

Belhassen, Y., Caton, K. and Stewart, W. (2008) "The Search for Authenticity in the Pilgrim Experience", *Annals of Tourism Research*, 35(3):668‒689.

Bell, D. (1973) *The Coming of Postindustrial Society* (New York: Basic).

Bennett, A. (1999a) " 'Rappin' on the Tyne: White Hip Hop Culture in North-east England——An Ethnographic Study", *The Sociological Review*, 47(1):1‒24.

Bennett, A. (1999b) "Subcultures or Neo-tribes? Rethinking the Relationship between Youth, Style and Musical Taste",

Sociology, 33(3):599 – 617.

Bennett, A. (2001) *Cultures of Popular Music* (Buckingham: Open University Press).

Bennett, A. (2006) "Punk 's not Dead: The Continuing Significance of Punk Rock for an Older Generation of Fans", *Sociology*, 40(2):219 – 235.

Birley, A. (1993) *Marcus Aurelius: A Biography* (London: Routledge).

Blackshaw, T. (2003) *Leisure Life* (London: Routledge).

Blackshaw, T. and Long, J. (2005) "What's the Big Idea? A Critical Exploration of the Concept of Social Capital and its Incorporation into Leisure Policy Discourse", *Leisure Studies*, 24 (3):239 – 258.

Bloor, D. (1973) "Wittgenstein and Mannheim on the Sociology of Mathematics", *Studies in the History and Philosophy of Science*, 4(2):173 – 191.

Bloor, D. (1974) "Popper 's Mystification of Objective Knowledge", *Science Studies*, 4:65 – 76.

Bocock, R. (1988) *Hegemony* (London: Tavistock).

Booth, D. (2004) "Surfing: From One (Cultural) Extreme to Another" in B. Wheaton (ed.) *Understanding Lifestyle Sports*, pp. 94 – 109 (London: Routledge).

Borradori, G. (2004) *Philosophy in a Time of Terror: Dialogues with Jurgen Habermas and Jacques Derrida* (Chicago: University of Chicago Press).

Bourdieu, P. (1979 : 1986) *Distinction* (London: Routledge).

Bourdieu, P. (1980) "Le Nord et le Midi : Contribution à une Analyse de l'Effet Montesquieu", *Actes de la Recherche en Sciences Sociales*, 35:21 - 25.

Bourdieu, B. (1991) *Language and Symbolic Power* (Cambridge: Polity).

Bourdieu, P. and Wacquant, L. (1992) *An Invitation to Reflexive Sociology* (Cambridge: Polity).

Brah, A. (1996) *Cartographies of the Diaspora* (London: Routledge).

Bramham, P. (2006) "Hard and Disappearing Work: Making Sense of the Leisure Project", *Leisure Studies*, 25(4):379 - 390.

Brand, A. (1990) *The Force of Reason: An Introduction to Habermas' Theory of Communicative Action* (London: Allen and Unwin).

Braund, S. (2004) *Juvenal and Perseus* (Harvard: Loeb Classical Library).

Broks, P. (2006) *Understanding Popular Science* (Maidenhead: Open University Press).

Brown, J. (2008) "From Friday to Sunday: The Hacker Ethic and Shifting Notions of Labour, Leisure and Intellectual Property", *Leisure Studies*, 27(4):395 - 409.

Bryman, A. (2004) *The Disneyization of Society* (London: Sage).

Bueno, O. (2000) "Empiricism, Scientific Changes and Mathematical Change", *Studies in the History and Philosophy of Science*, 31(2):269 - 296.

Burdsey, D. (2004) "Obstacle Race? 'Race', Racism and the Recruitment of British Asian Professional Footballers", *Patterns of Prejudice*, 38(3):279 - 299.

Burdsey, D. (2007) *British Asians and Football: Culture, Identity, Exclusion* (London: Routledge).

Butler, C. (2002) *Postmodernism: A Very Short Introduction* (Oxford: Oxford University Press).

Butterfield, H. (1931: 1968) *The Whig Interpretation of History* (London: Bell).

Calhoun, C., LiPuma, E. and Postone, M. (1993) *Bourdieu: Critical Perspectives* (Cambridge: Polity).

Camus, A. (1942: 2000) *The Outsider* (Harmondsworth: Penguin).

Carnap, R. (1962) *Logical Foundations of Probability*

（Chicago: University of Chicago Press）.

Carrington, B.（1998）"Sport, Masculinity and Black Cultural Resistance", *Journal of Sport and Social Issues*, 22（3）:275 - 298.

Carrington, B.（2004）"Race/Nation/Sport", *Leisure Studies*, 23（12）:1 - 4.

Carrington, B. and McDonald, I.（eds）（2001）"*Race*", *Sport and British Society*（London: Routledge）.

Carrington, B. and McDonald, I.（eds）（2008）*Marxism, Cultural Studies and Sport*（London: Routledge）.

Cartwright, N.（1983）*How the Laws of Physics Lie*（Oxford: Oxford University Press）.

Cassirer, E.（1945）*An Essay on Man*（New Haven: Yale University Press）.

Castells, M.（1996）*The Rise of the Network Society*（Oxford: Blackwell）.

Caudwell, J.（1999）"Women's Football in the United Kingdom: Theorizing Gender and Unpacking the Butch Lesbian Image", *Journal of Sport and Social Issues*, 23（4）:390 - 402.

Chalmers, A.（1982）*What Is This Thing Called Science?*（Milton Keynes: Open University Press）.

Clarke, J. and Critcher, C.（1985）*The Devil Makes Work*（Basingstoke: Macmillan）.

Coalter, F. (1989) *Freedom and Constraint* (London: Routledge).

Coalter, F. (2000) "Leisure Studies, Leisure Policy and Social Citizenship: A Response to Rosemary Deem", *Leisure Studies*, 19(1):37 - 44.

Cohen, A. (1985) *The Symbolic Construction of Community* (London: Tavistock).

Cohen, I. (1989) *Structuration Theory: Anthony Giddens and the Constitution of Social Life* (Basingstoke: Macmillan).

Cohen, S. (1991) *Rock Culture in Liverpool: Popular Music in the Making* (Oxford: Clarendon Press).

Collins, H. (1985) *Changing Order* (London: Sage).

Collins, H. and Pinch, T. (1994) *The Golem: What Everyone Should Know About Science* (Cambridge: Cambridge University Press).

Collins, T. (2006) *Rugby League in Twentieth Century Britain* (London: Routledge).

Colman, M. (1996) Super League: The Inside Story (Sydney: Ironbark).

Connell, R. (1987) *Gender and Power* (Stanford: Stanford University Press).

Couvalis, G. (1997) *The Philosophy of Science: Science and*

Objectivity (London: Sage).

Craib, I. (1992) *Modern Social Theory: From Parsons to Habermas* (Hemel Hempstead: Harvester Wheatsheaf).

Csikszentmihalyi, M. (1990). *Flow: The Psychology of Optimal Experience* (New York: Harper and Row).

Cunningham, H. (1980) *Leisure in the Industrial Revolution: c1780 - c1880* (London: Croom Helm).

Delaney, T. (1993) *Rugby Disunion* (Keighley: self-published).

Denham, D. (2004) "Global and Local Influences on English Rugby League", *Sociology of Sport Journal*, 21:206 - 219.

Derrida, J. (1976) *Of Grammatology* (Baltimore: John Hopkins University Press).

Dine, P. (2001) *French Rugby Football: A Cultural History* (Oxford: Berg).

Donnelly, P. and Young, K. (1985) "Reproduction and Transformation of Cultural Forms in Sport: A Contextual Analysis of Rugby", *International Review for the Sociology of Sport*, 20(1):19 - 38.

Drew, R. (2005) "Once More, With Irony: Karaoke and Social Class", *Leisure Studies*, 24(4):371 - 383.

Drudy, S. (1991) "The Classification of Social Class in

Sociological Research", *British Journal of Sociology*, 42(1):21 - 42.

Dunning, E. (1986) "Sport as a Male Preserve: Notes on the Social Sources of Masculine Identity and its Transformation", *Theory, Culture and Society*, 3(1):79 - 90.

Dunning, E. (1994) "Sport in Space and Time: 'Civilizing Processes', Trajectories of State Formation and the Development of Modern Sport", *International Review for the Sociology of Sport*, 29 (4):331 - 348.

Dunning, E., Maguire, J., Murphy, P. and Williams, J. (1982) "The Social Roots of Football Hooliganism", *Leisure Studies*, 2:139 - 156.

Dunning, E. and Rojek, C. (1992) *Sport and Leisure in the Civilizing Process* (London: Macmillan).

Dunning, E. and Sheard, K. (1979) *Barbarians, Gentlemen and Players* (Oxford: Martin Robertson).

Easthope, A. (1999) *Englishness and National Culture* (London: Routledge).

Eco, U. (1983) *The Name of the Rose* (London: Secker and Warburg).

Eco, U. (1986) *Faith in Fakes* (London: Secker and Warburg).

Edwards, T. (2006) *Cultures of Masculinity* (London: Routledge).

Elias, N. (1978) *The Civilizing Process: Volume One* (Oxford: Blackwell).

Elias, N. (1982) *The Civilizing Process: Volume Two* (Oxford: Blackwell).

Elias, N. and Dunning, E. (1986) *The Quest for Excitement* (Oxford: Blackwell).

Ely, M. (1991) *Doing Qualitative Research: Circles Within Circles* (London: Falmer).

Falcous, M. and Silk, M. (2006) "Global Regimes, Local Agendas: Sport, Resistance and the Mediation of Dissent", *International Review for the Sociology of Sport*, 41(3 - 4):317 - 338.

Fassolette, R. (2007) "Rugby League Football in France 1934—1954: The Decisive Years and their Long-term Consequences", *Sport in History*, 27(3):380 - 398.

Fawbert, J. (2005) "Football Fandom, West Ham United and the 'Cockney Diaspora': From Working-class Community to Youth Post-tribe?" in P. Bramham and J. Caudwell (eds), *Sport, Active Leisure and Youth Cultures*, pp. 171 - 194 (Eastbourne: Leisure Studies Association).

Featherstone, M. (1991) *Consumer Culture and Postmodernism* (London: Sage).

Feyerabend, P. (1975) *Against Method* (London: Verso).

Finlayson, J. (2000) "Modernity and Morality in Habermas' Discourse Ethics", *Inquiry*, 3:319 - 340.

Finlayson, J. (2003) "Theory of Ideology and the Ideology of Theory", *Historical Materialism*, 11(2):165 - 187.

Finlayson, J. (2004) *Habermas: A Very Short Introduction* (Oxford: Oxford University Press).

Fleck, L. (1935: 1979) *Genesis and Development of a Scientific Fact* (Chicago: University of Chicago Press).

Fleming, S. (1995) *"Home and Away": Sport and South Asian Male Youth* (Aldershot: Avebury).

Foucault, M. (1970) *The Order of Things* (London: Tavistock).

Foucault, M. (1972) *The Archaeology of Knowledge* (London: Tavistock).

Foucault, M. (1973) *The Birth of the Clinic* (New York: Vintage).

Foucault, M. (1980) *Power/Knowledge, Selected Interviews and Other Writings* (New York: Pantheon).

Friedman, M. (1974) "Explanation and Scientific Understanding", *The Journal of Philosophy*, 71:1 - 19.

Fukuyama, F. (1992) *The End of History and the Last Man* (Harmondsworth: Penguin).

Fuller, S. (1993) *Philosophy of Science and its Discontents*

（New York: Guilford）.

Fuller, S. （1997） *Science* （Buckingham: Open University Press）.

Fuller, S. （2000） *The Governance of Science* （Buckingham: Open University Press）.

Gard, M. and Wright, J. （2005） *The Obesity Epidemic: Science, Morality and Ideology* （London: Routledge）.

Garner, S. （2006）"The Uses of Whiteness: What Sociologists Working in Europe Can Draw from US Research on Whiteness", *Sociology*, 40（2）:257－275.

Gellner, E. （1985） *Relativism in the Social Sciences* （Cambridge: Cambridge University Press）.

Gibbon, E. （1776—1788:2005） *The History of the Decline and Fall of the Roman Empire*, six volumes （reprinted in three volumes） （Harmondsworth: Penguin）.

Giddens, A. （1990） *The Consequences of Modernity* （Cambridge: Polity）.

Giddens, A. （1991） *Modernity and Self-Identity: Self and Society in the Late Modern Age* （Cambridge: Polity）.

Glaser, B. and Strauss, A. （1967） *The Discovery of Grounded Theory* （Chicago: Aldine）.

Gold, J. and Gold, M. （1995） *Imagining Scotland: Tradition,*

Representation and Promotion in Scottish Tourism since 1750 (Aldershot: Ashgate).

Golinski, J. (1998) *Making Natural Knowledge: Constructivism and the History of Science* (Cambridge: Cambridge University Press).

Gould, S. (1992) *The Mismeasure of Man* (Harmondsworth: Penguin).

Graburn, N. (1976) *Ethnic and Tourist Arts: Cultural Expressions from the Fourth World* (Berkeley: University of California Press).

Graburn, N. (1984) "The Evolution of Tourist Arts", *Annals of Tourism Research*, 11, 393 - 419.

Graburn, N. and Glass, A. (2004) "Introduction", *Journal of Material Culture*, 9(2): 107 - 114.

Gramsci, A. (1971) *Selections from Prison Notebooks* (London: Lawrence and Wishart).

Gregory, T. (2005) *A History of Byzantium: 306 - 1453* (Oxford: Blackwell).

Gruneau, R. (1983) *Class, Sport and Social Development* (Amherst: University of Montreal Press).

Gunnarsson, L. (2000) *Making Moral Sense: Beyond Habermas and Gauthier* (Cambridge: Cambridge University Press).

Gutting, G. (2005) *Foucault: A Very Short Introduction* (Oxford: Oxford University Press).

Habermas, J. (1962: 1989) *The Structural Transformation of the Public Sphere* (Cambridge: Polity).

Habermas, J. (1963: 1988) *Theory and Practice* (Cambridge: Polity).

Habermas, J. (1981: 1984) *The Theory of Communicative Action, Volume One: Reason and the Rationalization of Society* (Cambridge: Polity).

Habermas, J. (1981: 1987) *The Theory of Communicative Action, Volume Two: The Critique of Functionalist Reason* (Cambridge: Polity).

Habermas, J. (1983: 1990) *Moral Consciousness and Communicative Action* (Cambridge: Polity).

Habermas, J. (1985: 1990) *The Philosophical Discourse of Modernity* (Cambridge: Polity).

Habermas, J. (1991: 1993) *Justification and Amplification* (Cambridge: Polity).

Habermas, J. (1991: 1996) *Between Facts and Norms* (Cambridge: Polity).

Habermas, J. (1992) *Post-Metaphysical Thinking: Philosophical Essays* (Cambridge: Polity).

Habermas, J. (1997) *A Berlin Republic: Writings on Germany* (Lincoln: University of Nebraska Press).

Habermas, J. (1998) *The Inclusion of the Other* (Cambridge: Polity).

Habermas, J. (2000) *Post-National Constellation* (Cambridge: Polity).

Habermas, J. (2001: 2006) *Time of Transitions* (Cambridge: Polity).

Habermas, J. (2003) *Truth and Justification: Philosophical Essays* (Cambridge: Polity).

Habermas, J. (2008) *Between Naturalism and Religion* (Cambridge: Polity).

Hall, S. (1993) "Culture, Community, Nation", *Cultural Studies*, 7(3):349 - 363.

Hall, S. and du Gay, P. (1996) *Questions of Cultural Identity* (London: Sage).

Hankins, T. (1985) *Science and the Enlightenment* (Cambridge: Cambridge University Press).

Haraway, D. (1991) *Simians, Cyborgs and Women: The Reinvention of Nature* (London: Free Association Books).

Hargreaves, J. (1986) *Sport, Power and Culture* (Oxford: Blackwell).

Hargreaves, J. and Tomlinson, A. (1992) "Getting There: Cultural Theory and the Sociological Analysis of Sport in Britain", *Sociology of Sport*, 9(2):207 - 219.

Harris, K. (2000) "Roots? The Relationship between the Global and the Local within the Extreme Metal Scene", *Popular Music*, 19(1):13 - 30.

Harvey, D. (1989) *The Condition of Postmodernity* (Oxford: Blackwell).

Haywood, L., Kew, F., Bramham, P., Spink, J., Capenerhurst, J. and Henry, I. (1989: 1995) *Understanding Leisure*, second edition (Cheltenham: Stanley Thornes).

Heather, P. (1998) *The Goths* (Oxford: Blackwell).

Hebdige, D. (1979) *Subcultures: The Meaning of Style* (London: Routledge).

Held, D., McGrew, Goldblatt, D. and Perraton, J. (1999) Global Transformation: Politics, *Economics and Culture* (Cambridge: Polity).

Hempel, C. (1966) *Philosophy of Natural Science* (London: Prentice-Hall).

Henderson, J. (1914: 1970) *Loeb Classical Library 35: Tacitus, 1* (Cambridge: Harvard University Press).

Henderson, K. (2006) "False Dichotomies and Leisure

Research", *Leisure Studies*, 25(4):391 – 395.

Henderson, K., Presley, J. and Bialeschki, M. (2004) "Theory in Recreation and Leisure Research: Reflections from the Editors", *Leisure Sciences*, 26:411 – 425.

Hesse, M. (1980) *Revolutions and Reconstructions in the Philosophy of Science* (Bloomington: Indiana University Press).

Heywood, I. (2006) "Climbing Monsters: Excess and Restraint in Contemporary Climbing", *Leisure Studies*, 25(4):455 – 467.

Hinchliffe, D. (2000) *Rugby 's Class War* (London: London League Publications).

Hine, V. (2000) *Virtual Ethnography* (London: Sage).

Hobsbawm, E. (1987) *The Age of Empire* (London: Abacus).

Hobsbawm, E. (1988) *The Age of Capital* (London: Abacus).

Hobsbawm, E. (2008) *Globalisation, Democracy and Terrorism* (London: Abacus).

Hobsbawm, E. and Ranger, T. (eds) (1983) *The Invention of Tradition* (Cambridge: Cambridge University Press).

Hodkinson, P. (2002) *Goth* (Oxford: Berg).

Hoggart, R. (1957) *The Uses of Literacy* (Harmondsworth: Penguin).

Holton, R. (2008) *Global Networks* (Basingstoke: Palgrave).

Honneth, A. and Joas, H. (1991) *Communicative Action:*

Essays on Jurgen Habermas's "The Theory of Communicative Action" (Cambridge: Polity).

Horkheimer, M. (1947: 2004) *Eclipse of Reason* (London: Continuum).

Horne, J. (2006) *Sport in Consumer Culture* (Basingstoke: Palgrave).

Horne, J. and Jary, D. (1987) "The Figurational Sociology of Sport and Leisure of Elias and Dunning: An Exposition and Critique" in J. Horne, D. Jary and A. Tomlinson (eds) *Sport, Leisure and Social Relations*, pp. 86‑112 (London: Routledge).

Horster, D. (1992) *Habermas: An Introduction* (Philadelphia: Pennbridge).

Hughson, J. (1997) "Football, Folk Dancing and Fascism: Diversity and Difference in Multicultural Australia", *International Review for the Sociology of Sport*, 33(2):167‑186.

Hughson, J. and Free, M. (2006) "Paul Willis, Cultural Commodities, and Collective Sport Fandom", *Sociology of Sport*, 23:72‑85.

Hylton, K. (2005) "'Race', Sport and Leisure: Lessons from Critical Race Theory", *Leisure Studies*, 24(1):81‑98.

Hylton, K., Long, J. and Spracklen, K. (2005) "An Analysis of Antiracism in Rugby League, Cricket and Football", paper presented at the European Association of Sport Management Conference, Rotterdam, September 2005.

Ingham, A. and Hardy, S. (1993) "Sports Studies through the Lens of Raymond Williams" in A. Ingham and J. Loy (eds) *Sport in Social Development*, pp. 1 – 20 (Champaign: Human Kinetics).

Jacobson, J. (1997) "Religion and Ethnicity: Dual and Alternative Sources of Identity among Young British Pakistanis", *Ethnic and Racial Studies*, 20(2):238 – 256.

James, S. (1999) *The Atlantic Celts: Ancient People or Modern Invention?* (London: British Museum Press).

James, W. (1912) *Essays in Radical Empiricism* (London: Longmans Green).

Jarvie, G. (2006) *Sport, Culture and Society* (London: Routledge).

Jary, D. (1987) "Sport and Leisure in the 'Civilizing Process'", *Theory, Culture and Society*, 4(2 – 3):563 – 570.

Jary, D. and Horne, J. (1994), "The Figurational Sociology of Sport and Leisure revisited" in I. Henry (ed.) *Leisure: Modernity, Postmodernity and Lifestyles*, pp. 53 – 80 (Eastbourne: Leisure Studies Association).

Jenkins, R. (2002) *Pierre Bourdieu* (London: Routledge).

Jones, D. and Smith, S. (2005) "Middle Earth meets New

Zealand: Authenticity and Location in the Making of the Lord of the Rings", *Journal of Management Studies*, 42(5):923 - 945.

Jones, I. and Symon, G. (2001) "Lifelong Learning as Serious Leisure: Policy, Practice and Potential", *Leisure Studies*, 20(4):269 - 283.

Kahn-Harris, K. (2007) *Extreme Metal* (Oxford: Berg).

Kanayama, T. (2003) "Ethnographic Research on the Experience of Japanese Elderly People Online", *New Media and Society*, 5:297 - 288.

Kant, I. (1781: 1999) *Critique of Pure Reason* (Cambridge: Cambridge University Press).

Kant, I. (1795:2005) *Perpetual Peace* (New York: Cosimo Inc).

Katz, D. (2007) *The Occult Tradition: From the Renaissance to the Present Day* (London: Pimlico).

Keenan, G. (2006) "Czechs Make International Debut", *League Express*, 2506:3.

Kelner, S. (1996) *To Jerusalem and Back* (London: Macmillan).

Kemedjio, C. (2003) "Etre noir/e en France: Du Quartier Latin a la Departementalisation de la Seine", *Contemporary French Civilization*, 27(2):356 - 384.

Kershaw, I. (1993) *The Nazi Dictatorship: Problems and*

Perspectives of Interpretation (London: Edward Arnold).

King, C. (2004) "Race and Cultural Identity: Playing the Race Game Inside Football", *Leisure Studies*, 23(1):19 - 30.

Kitcher, P. (1993) *The Advancement of Science* (Oxford: Oxford University Press).

Kraidy, M. (2005) *Hybridity: Or the Cultural Logic of Globalization* (Philadelphia: Temple University Press).

Kuhn, T. (1962) *The Structure of Scientific Revolutions* (Chicago: University of Chicago Press).

Kuhn, T. (1977) *The Essential Tension* (Chicago: University of Chicago Press).

Kukla, A. (2001) "Theoreticity, Underdetermination and the Disregard for Bizarre Scientific Hypotheses", *Philosophy of Science*, 68(1), 21 - 35.

Kumar, K. (2006) "English and French National Identity: Comparisons and Contrasts", *Nations and Nationalism*, 12(3):413 - 432.

Kvale, S. (1995) "The Social Construction of Validity", *Qualitative Inquiry*, 1(1):19 - 40.

Ladyman, J. (1998) "What is Structural Realism?", *Studies in the History and Philosophy of Science*, 29(3):409 - 424.

Lash, S. (1990) *The Sociology of Post-Modernism* (London:

Routledge).

Latour, B. (1987) *Science in Action* (Cambridge: Harvard University Press).

Latour, B. (1988) *The Pasteurization of France* (Cambridge: Harvard University Press).

Latour, B. (1990) "Postmodern? No, Simply Amodern! Steps Towards an Anthropology of Science", *Studies in History and Philosophy of Science*, 21(1):145‑171.

Laudan, L. (1981) "A Confutation of Convergent Realism", *Philosophy of Science*, 48:19‑49.

Laudan, L. (1996) *Beyond Positivism and Relativism: Theory, Method and Evidence* (Oxford: Westview Press).

Leff, A. (2001) "Championne du Monde 1998: La France et l'Effet Coupe de Monde", *Contemporary French Civilizations*, 25 (1):1‑19.

Leplin, J. (1997) *A Novel Defense of Scientific Realism* (Oxford: Oxford University Press).

Lincoln, Y. and Guba, E. (1985) *Naturalistic Inquiry* (London: Sage).

Lipton, P. (1991) *Inference to the Best Explanation* (London: Routledge).

Lipton, P. (1996) "Is the Best Good Enough?" in P. Papineau

(ed.) *The Philosophy of Science*, pp. 93 – 106 (Oxford: Oxford University Press).

Long, J. (2007) *Researching Leisure, Sport and Tourism* (London: Sage).

Long, J., Carrington, B. and Spracklen, K. (1997) " 'Asians Cannot Wear Turbans in the Scrum': Explorations of Racist Discourse Within Professional Rugby League", *Leisure Studies*, 16 (4):249 – 260.

Long, J. and Hylton, K. (2002) "Shades of White: An Examination of Whiteness in Sport", *Leisure Studies*, 21(2):87 – 103.

Long, J., Robinson, P. and Spracklen, K. (2005) "Promoting Racial Equality within Sports Organizations", *Journal of Sport and Social Issues*, 29(1):41 – 59.

Long, J., Robinson, P. and Welch, M. (2003) *Raising the Standard* (Leeds: Leeds Metropolitan University).

Long, J. and Spracklen, K. (1996) "Positional Play: Racial Stereotyping in Rugby League", *The Bulletin of Physical Recreation*, 32:18 – 22.

Long, J., Tongue, N., Spracklen, K. and Carrington, B. (1995) *What's the Difference?* (Leeds: Leeds Metropolitan University, in partnership with the Commission for Racial Equality, the Rugby

Football League, and Leeds City Council).

Lynch, M. (1992) "Extending Wittgenstein: The Pivotal Move from Epistemo logy to the Sociology of Science", in A. Pickering (ed.) *Science as Practice and Culture*, pp. 215–265 (Chicago: University of Chicago Press).

Lyon, D. (1986) "From Postindustrialism to Information Society: A New Social Transformation", *Sociology*, 20(4):577–588.

Lyotard, J. F. (1975: 1984) *The Postmodern Condition: A Report on Knowledge* (Manchester: University of Manchester Press).

MacAloon, J. (1992) "The Ethnographic Imperative in Comparative Olympic Research", *Sociology of Sport*, 9(2): 104–130.

MacCannell, D. (1973) "Staged Authenticity: Arrangements of Social Space in Tourist Settings", *American Journal of Sociology*, 79(9):589–603.

MacCannell, D. (1976) *The Tourist: A New Theory of the Leisure Class* (New York: Schoken Books).

Maffesoli, M. (1996) *The Time of the Tribes: The Decline of Individualism in Mass Society* (London: Sage).

Maguire, J. (2005) *Power and Global Sport* (London: Routledge).

Mangan, J. (1988) *Pleasure, Profit, Proselytism: British Culture and Sport at Home and Abroad* (London: Frank Cass).

Marks, J. (2003) *What it Means to be 98% Chimpanzee: Apes, People and Their Genes* (London: University of California Press).

Martel, G. (1992) *Modern Germany Reconsidered: 1870— 1945* (London: Routledge).

Martin, A. and Haugh, H. (1999) "The Malt Whisky Trail: The Tourism and Marketing Potential of the Whisky Distillery Visitor Centre", *International Journal of Wine Marketing*, 11(2):42‒52.

Maruyama, N., Yen, T‒H. and Stronza, A. (2008) "Perception of Authenticity of Tourist Art among Native American Artists in Santa Fe, New Mexico", *International Journal of Tourism Research*, 10:453‒466.

Marx, K. (1852: 2004) "The Eighteenth Brumaire of Louis Bonaparte" in K. Marx and F. Engels *The Communist Manifesto: Penguin Great Ideas 13*, pp. 85‒120 (Harmondsworth: Penguin).

Matheson, C. (2008) "Music, Emotion and Authenticity: A Study of Celtic Music Festival Consumers", *Journal of Tourism and Cultural Change*, 6(1):57‒74.

McDonald, I. and Ugra, S. (1998) *Anyone for Cricket? Equal Opportunities and Changing Cricket Cultures in Essex and East London* (London: University of East London Press).

McGuigan, J. (1996) *Culture and the Public Sphere* (London:

Routledge).

McGuigan, J. (2006a) *Modernity and Postmodern Culture* (Maidenhead: Open University Press).

McGuigan, J, (2006b) "The Politics of Cultural Studies and Cool Capitalism", *Cultural Politics*, 2(2):137 - 158.

Melling, P. and Collins, T. (eds) (2004) *The Glory of Their Times: Crossing the Colour Line in Rugby League* (Skipton: Vertical).

Mill, J. S. (1859: 1998) "On Liberty" in J. Gray (ed.) *On Liberty and Other Essays*, pp. 5 - 128 (Oxford: Oxford University Press).

Morgan, W. (1994) "Hegemony Theory, Social Domination and Sport: The Mac Aloon and Hargreaves/Tomlinson Debate Revisited", *Sociology of Sport*, 11(3):309 - 329.

Morgan, W. (2006) *Why Sports Morally Matter* (London: Routledge).

Mosley, C. (2008) *The Mitfords: Letters Between Six Sisters* (London: Harper Perennial).

Moynihan, M. and Soderlind, D. (2003) *Lords of Chaos* (Los Angeles: Feral House).

Muller, J. (2000) *Another Country: German Intellectuals, Unification and National Identity* (New Haven: Yale University

Press).

Nayak, A. (2003) *Race, Place And Globalisation: Youth Cultures in a Changing World* (Oxford: Berg).

Nayak, A. (2006) "Displaced Masculinities: Chavs, Youth and Class in the Post-industrial City", *Sociology*, 40(5):813 - 831.

Nelkin, D. (1982) *The Creation Controversy: Science and Scripture in the Schools* (New York: Norton).

Noiriel, G. (2001) *État, Nation et Immigration: Vers une Histoire du Pouvoir* (Paris: Belin).

O ' Connor, N., Flanagan, S. and Gilbert, D. (2008) "The Integration of Film-induced Tourism and Destination Branding in Yorkshire, UK", *International Journal of Tourism Research*, 10:423 - 437.

O'Neill, S. (1997) *Impartiality in Context: Grounding Justice in a Pluralist World* (Albany: State University of New York Press).

Opotow, S. (1990) "Moral Exclusion and Injustice: An Introduction", *Journal of Social Sciences*, 46(1):1 - 20.

Outhwaite, W. (2005) *The Habermas Reader* (Cambridge: Polity).

Papineau, P. (1996) *The Philosophy of Science* (Oxford: Oxford University Press).

Parker, S. (1971) *The Future of Work and Leisure* (London:

MacGibbon and Kee).

Parsons, T. (1964) *The Social System* (New York: Macmillan).

Pedersen, J. (2008) "Habermas ' Method: Rational Reconstruction", *Philosophy of the Social Sciences*, 38 (4) : 457 – 485.

Pirsig, R. (1974: 1999) *Zen and the Art of Motorcycle Maintenance* (London: Vintage).

Pittock, M. (1995) *The Myth of the Jacobite Clans* (Edinburgh: Edinburgh University Press).

Popper, K. (1968) *The Logic of Scientific Discovery* (London: Heinemann).

Poster, M. (2004) "Consumption and Digital Commodities in the Everyday", *Cultural Studies*, 18(2 – 3):409 – 423.

Pratchett, T. (1983) *The Colour of Magic* (London: Corgi).

Pratchett, T. (1986) *The Light Fantastic* (London: Corgi).

Pringle, R. and Markula, P. (2005) "No Pain is Sane After All: a Foucauldian Analysis of Masculinities and Men's Experiences in Rugby", *Sociology of Sport*, 22:475 – 497.

Psillos, S. (1999) *Scientific Realism: How Science Tracks Truth* (London: Routledge).

Putnam, D. (2000) *Bowling Alone* (New York: Touchstone).

Putnam, H. (1975) *Philosophical Papers Volume One:*

Mathematics, Matter and Method (Cambridge: Cambridge University Press).

Rapaport, R. and Rapaport, R. (1975) Leisure and the Family Life-Cycle (London: Routledge).

Ratna, A. (2008) *British Asian Females ' Racialized and Gendered Experiences of Identity and Women ' s Football* (Unpublished PhD thesis: University of Brighton).

Ravenscroft, N. (1998) "The Changing Regulation of Public Leisure Provision", *Leisure Studies*, 17(2):138 - 154.

Ray, N., McCain, G., Davis, D. and Melin, T. (2006) "Lewis and Clarke and the Corps of Discovery: Re-enactment Event Tourism as Authentic Heritage Travel", *Leisure Studies*, 25(4):437 - 454.

Reisinger, Y. and Steiner, C. (2006) "Reconceptualizing Object Authenticity", *Annals of Tourism Research*, 33:65 - 86.

Revilla, G. and Dodd, H. (2003) "Authenticity Perceptions of Talevera Pottery", *Journal of Travel Research*, 42(1):94 - 99.

Ritzer, G. (2004) *The McDonaldization of Society* (Thousand Oaks: Pine Forge Press).

Robbins, D. (1999) *Pierre Bourdieu* (London: Sage).

Roberts, K. (1978) *Contemporary Society and the Growth of Leisure* (London: Longman).

Roberts, K. (1999) *Leisure in Contemporary Society*

(Wallingford: CAB International).

Roberts, K. (2000) "The Impact of Leisure on Society", *World Leisure Journal*, 42(3):3 - 10.

Roberts, K. (2001) *Class in Modern Britain* (Basingstoke: Palgrave).

Roberts, K. (2004) *The Leisure Industries* (Basingstoke: Palgrave).

Roberts, K. (2007) "Work-life Balance - The Sources of the Contemporary Problem and the Probable Outcomes: A Review and Interpretation of the Evidence", *Employee Relations*, 29(4):334 - 351.

Robertson, R. (1992) *Globalization: Social Theory and Global Culture* (London: Sage).

Robinson, V. (2004) "Taking Risks: Identity, Masculinities and Rock Climbing" in B. Wheaton (ed.) *Understanding Lifestyle Sports*, pp. 113 - 130 (London: Routledge).

Rojek, C. (1993) *Ways of Escape: Modern Transformations in Leisure and Travel* (London: Macmillan).

Rojek, C. (1995) *Decentring Leisure* (London: Sage).

Rojek, C. (2000) *Leisure and Culture* (Basingstoke: Palgrave).

Rojek, C. (2001) "Leisure and Life Politics", *Leisure Sciences*, 23(2):115 - 126.

Rojek, C. (2002) "Civil Labour, Leisure and Post Work Society", *Society and Leisure*, 25(1):21 – 35.

Rojek, C. (2005a) "An Outline of the Action Approach to Leisure Studies", *Leisure Studies*, 24(1):13 – 25.

Rojek, C. (2005b) *Leisure Theory: Principles and Practice* (Basingstoke: Palgrave Macmillan).

Rojek, C. and Urry, J. (1997) *Touring Cultures: Transformations of Travel and Theory* (London: Routledge).

Rowe, D. (2004) *Critical Readings in Sport, Culture and the Media* (Maidenhead: Open University Press).

Salway, P. (2001) *A History of Roman Britain* (Oxford: Oxford University Press).

Saouter, A. (2000) *Être Rugby: Jeux du Masculin et du Féminin* (Paris: Maison des Sciences de l'Homme).

Sassen, S. (2002) *Global Networks, Linked Cities* (London: Routledge).

Scambler, G. (2005) *Sport and Society: History, Power and Culture* (Maidenhead: Open University Press).

Scase, R. (1992) *Class* (Buckingham: Open University Press).

Schaffer, S. (1989) "Glass Works" in N. Gooding (ed.) *Uses of Experiment*, pp. 67 – 104 (Cambridge: Cambridge University Press).

Scraton, S. and Holland, S. (2006) "Grandfatherhood and

Leisure", *Leisure Studies*, 25(2):233 – 250.

Scott, J. (1994) "Class Analysis: Back to the Future", *Sociology*, 28(4):933 – 942.

Sheard, K. and Dunning, E. (1973) "The Rugby Football Club as a Type of Male Preserve: Some Sociological Notes", *International Review for the Sociology of Sport*, 8(3 – 4):5 – 21.

Shusterman, R. (1999) *Bourdieu: Critical Readings* (Oxford: Blackwell).

Silverstein, P. (2004) *Algeria in France: Transpolitics, Race, Nation* (Bloomington: University of Indiana Press).

Silverstein, P. (2008) "The Context of Antisemitism and Islamophobia in France", *Patterns of Prejudice*, 42(1):1 – 26.

Simons, H. (1989) *Rhetoric in the Human Sciences* (London: Sage).

Sklar, L. (1992) *The Philosophy of Physics* (Oxford: Oxford University Press).

Smith, J. and Turner, B. (1986) "Constructing Social Theory and Constituting Society", *Theory, Culture and Society*, 3(2):125 – 133.

Solomos, J. (1998) "Beyond Racism and Multiculturalism", *Patterns of Prejudice*, 32(4):45 – 62.

Spracklen, K. (1995) "Playing the Ball, or the Uses of League:

Class, Masculinity and Rugby" in G. McFee (ed.) *Leisure Cultures: Values, Genders, Lifestyles*, pp. 105 – 120 (Eastbourne: Leisure Studies Association).

Spracklen, K. (1996) *Playing the Ball: Constructing Community and Masculine Identity in Rugby* (unpublished PhD thesis: Leeds Metropolitan University).

Spracklen, K. (2001a) "Black Pearls, Black Diamonds: Exploring Racial Identities in Rugby League" in B. Carrington and I. McDonald (eds) *"Race", Sport and British Society*, pp. 70 – 82 (London: Routledge).

Spracklen, K. (2001b) *The Cup* (Manchester: Parrs Wood Press).

Spracklen, K. (2003) "Setting a Standard?: Measuring Progress in Tackling Racism and Promoting Social Inclusion in English Sport" in I. Ibbetson, B. Watson and M. Ferguson (eds), *Sport, Leisure and Social Inclusion*, pp. 41 – 57 (Eastbourne: Leisure Studies Association).

Spracklen, K. (2005) "Re-inventing 'the Game': Rugby League, 'Race', Gender and the Growth of Active Sports in England" in J. Caudwell and P. Bramham (eds) *Sport, Active Leisure and Youth Cultures*, pp. 153 – 167 (Eastbourne: Leisure Studies Association).

Spracklen, K. (2006) "Leisure, Consumption and a Blaze in the Northern Sky: Developing an Understanding of Leisure at the End of Modernity through the Habermasian Framework of Communicative and Instrumental Rationality", *World Leisure Journal*, 48 (3): 33 – 44.

,   Spracklen, K. (2007a) "Negotiations of Belonging: Habermasian Stories of Minority Ethnic Rugby League Players in London and the South of England", *World Leisure Journal*, 49(4): 216 – 226.

Spracklen, K. (2007b) " 'You say Potahto, I say Potayto': Bourdieu, Egregious Economic Metaphors and the Meaning and Use of Social (and Cultural) Capital in Leisure Research" in M. Collins, K. Holmes and A. Slater (eds) *Sport, Leisure, Culture and Social Capital*, pp. 17 – 30 (Eastbourne: Leisure Studies Association).

Spracklen, K. (2008a) "Understanding the Importance of Leisure at the End of Modernity" in P. Gilchrist and B. Wheaton (eds) *Whatever Happened to the Leisure Society? Theory, Debate and Policy*, pp. 103 – 118 (Eastbourne: Leisure Studies Association).

Spracklen, K. (2008b) "True Aryan Black Metal: The Meaning of Leisure, Belonging and the Construction of Whiteness in Black Metal Music", paper presented at the Inter-Disciplinary.Net Music, Metal and Politics conference, Salzburg, November 2008.

Spracklen, K. (forthcoming) "Dreaming of Parkside and the

Barley Mow". To be published in S. Wagg and P. Bramham (eds) *Leeds, Leisure and Postmodernity* (Aldershot: Ashgate).

Spracklen, K. and Fletcher, T. (2008) " 'They'll Never Play Rugby League in Kazakhstan': Expansion, Community and Identity in a Globalised and Global- ising Sport", paper presented at the Leisure Studies Association conference, Liverpool, July 2008.

Spracklen, K., Long, J. and Hylton, K. (2006) "Managing and Monitoring Equality and Diversity in UK Sport: An Evaluation of the Sporting Equals Racial Equality Standard and its Impact on Organizational Change", *Journal of Sport and Social Issues*, 30(3):1 - 17.

Spracklen, K. and Spracklen, C. (2008) "Negotiations of Being and Becoming: Minority Ethnic Rugby League Players in the Cathar Country of France", *International Review for the Sociology of Sport*, 43(2):201 - 218.

Steiner, C. and Reisinger, Y. (2006) "Understanding Existential Authenticity", *Annals of Tourism Research*, 33:299 - 318.

Stoddart, K. (1987) "Cricket, Social Formation and Cultural Continuity in Barbados", *Journal of Sports History*, 14(3):378 - 388.

Storey, D. (1960) *This Sporting Life* (London: Longmans).

Sugden, J. and Tomlinson, A. (2002) *Power Games: A Critical Sociology of Sport* (London: Routledge).

Suppe, F. (1977)"The Search for Philosophic Understanding of Scientific Theories" in F. Suppe (ed.) *The Structure of Scientific Theories*, pp. 2 – 241 (second edition) (Urbana: University of Illinois Press).

Taylor, M. and Lewis P. (2008)"Fifteen Days After This Was Taken, the Bride is Shot Dead, the Groom Fights for Life", *The Guardian*, 50253, 29 July 2008, 1 – 2.

Thomas, D. (1979) *Naturalism and Social Science* (Cambridge: Cambridge University Press).

Thompson, J. and Held, D. (1982) *Habermas: Critical Debates* (Basingstoke: Macmillan).

Tomlinson, A. (2004) "Pierre Bourdieu and the Sociological Study of Sport: Habitus, Capital and Field" in R. Giulanotti (ed.) *Sport and Modern Social Theorists*, pp. 161 – 172 (Basingstoke: Palgrave).

Traynor, J. (2008) *Mastering Modern German History 1864—1990* (Basingstoke: Palgrave).

Turner, F. (1993) *Contesting Cultural Authority: Essays in Victorian Intellectual Life* (Cambridge: Cambridge University Press).

Ungar, S. (1996) *Identity Papers: Contested Nationhood in Twentieth Century France* (Minneapolis: University of Minnesota Press).

Urquia, N. (2005) "The Re-branding of Salsa in London's Dance Clubs: How an Ethnicised Form of Cultural Capital was Institutionalised", *Leisure Studies*, 24(4):385–397.

Urry, J. (1982) "Duality of Structure: Some Critical Issues", *Theory, Culture and Society*, 1(2):100–106.

Van Fraassen, B. (1980) *The Scientific Image* (Oxford: Clarendon).

Van Fraassen, B. (1989) *Laws and Symmetry* (Oxford: Clarendon).

Vattimo, G. (1988) *The End of Modernity: Nihilism and Hermeneutics in Postmodern Culture* (Cambridge: Polity).

Veblen, T. (1925: 1970) *The Theory of the Leisure* Class (London: Unwin).

Vestel, V. (1999) "Breakdance, Red-eyed Penguins, Vikings, Grunge and Straight Rock N Roll", *Young: Nordic Journal of Youth Research*, 7(2):4–24.

Von Eschenbach, W. (1980) *Parzifal* (Harmondsworth: Penguin).

Waddington, I. (2000) *Sport, Health and Drugs: A Critical Sociological Perspective* (London: Spon).

Walser, R. (1993) *Running with the Devil: Power, Gender and Madness in Heavy Metal Music* (London: Wesleyan University

Press).

Walton, J. (2000) *The British Seaside: Holidays and Resorts in the Twentieth Century* (Manchester: Manchester University Press).

Wang, N. (1999) "Rethinking Authenticity in Tourism Experience", *Annals of Tourism Research*, 26:349 – 370.

Watson, B. and Scraton, S. (2001) "Confronting Whiteness? Researching the Leisure Lives of South Asian Mothers", *Journal of Gender Studies*, 10(3):265 – 277.

Weber, M. (1930: 1992) *The Protestant Ethic and the Spirit of Capitalism* (London: Routledge).

Weber, M. (1964) *Theory of Social and Economic Organization* (London: Macmillan).

Weinstein, D. (1991) *Heavy Metal: A Cultural Sociology* (New York: Lexington).

Wheaton, B. (2004a) *Understanding Lifestyle Sports* (London: Routledge).

Wheaton, B. (2004b) "New Lads? Competing Masculinities in the Windsurfing Culture" in B. Wheaton (ed.) *Understanding Lifestyle Sports*, pp. 131 – 153 (London: Routledge).

Wievorka, M. (2000) "Contextualizing French Multiculturalism and Racism", *Theory, Culture and Society*, 17(1):157 – 162.

Williams, R. (1977) *Marxism in Literature* (Oxford: Oxford

University Press).

Williams, R. (1981) *Culture* (London: Fontana).

Wilson, A. and Ashplant, T. (1988) "Present-centred History and the Problem of Historical Knowledge", *The Historical Journal*, 31 (2):253‑274.

Winch, P. (1958) *The Idea of a Social Science* (London: Routledge).

Wittgenstein, L. (1968) *Philosophical Investigations* (Oxford: Blackwell).

Woodward, K. (2004) "Rumbles in the Jungle: Boxing, Racialization and the Performance of Masculinity", *Leisure Studies*, 23(1):5‑17.

Woolgar, S. (1989) *Science: the Very Idea* (London: Routledge).

Worrall, J. (1989) "Structural Realism: The Best of Both Worlds?", *Dialectica*:43, 99‑124.

索引

175

译校者后记

这是一本没有那么艰深，写作风格也相对随意，不过还算有趣的书。就研究领域而言，本书涉及休闲学学科的许多主题，具有很大的生发性。我们将其翻译为中文，也是希望它能够为中文世界的休闲学研究带来一些增量。浙江大学休闲学专业自2008年博士生招生以来，在庞学铨教授、潘立勇教授和刘慧梅教授等学者的辛勤工作下，已经取得了长足发展。虽然他们已经打下了坚实的基础，但是作为一门新兴学科的休闲学在广度和深度上仍有必要进一步拓展，这就凸显了这份翻译工作的意义。

本书由李哲罕翻译了"导论"与"索引"两部分的初稿，陈献翻译了剩下绝大部分的初稿，经过几轮相互校对，由李哲罕终校。翻译是一份吃力不讨好的工作，受限于译校者投入程度、知识结构水平、语言水平等各种因素，瑕疵是在所难免的，希望读者能在豆瓣网等网站的该书的评论区多加指正。在此感谢在2021年冬学期参加"休闲文化与产业"课程的诸位同学，当时大家一起阅读和讨论了翻译稿；感谢浙江大学出版社钱济平编辑耐心细致的工作，使得此译著可以正式出版。

最后，郑重地表达对2022年2月28日逝世的潘立勇教授的追念。

李哲罕

2022年春末